全国“八五”普法学习读本系列

农民工
以案释法读本

（第二版）

全国“八五”普法学习读本编写组　编

法律出版社
LAW PRESS · CHINA
北京

图书在版编目(CIP)数据

农民工以案释法读本 / 全国“八五”普法学习读本编写组编. -- 2 版. -- 北京 : 法律出版社, 2021
ISBN 978-7-5197-5929-2

Ⅰ. ①农… Ⅱ. ①全… Ⅲ. ①法律－中国－通俗读物 Ⅳ. ①D920.5

中国版本图书馆 CIP 数据核字(2021)第 191038 号

农民工以案释法读本(第二版) **NONGMINGONG YIANSHIFA DUBEN** **(DI-ER BAN)**	全国“八五”普法学习读本编写组 编	策划编辑 沈小英 责任编辑 沈小英 陈 妮 毛镜澄 装帧设计 汪奇峰

出版发行 法律出版社
编辑统筹 法治与经济出版分社
责任校对 王晓萍 王语童 王 皓
责任印制 吕亚莉
经　　销 新华书店

开本 710 毫米×1000 毫米 1/16
印张 15.25 **字数** 253 千
版本 2021 年 11 月第 2 版
印次 2021 年 11 月第 1 次印刷
印刷 固安华明印业有限公司

地址:北京市丰台区莲花池西里 7 号(100073)
网址:www.lawpress.com.cn
投稿邮箱:info@lawpress.com.cn
举报盗版邮箱:jbwq@lawpress.com.cn

销售电话:010-83938349
客服电话:010-83938350
咨询电话:010-63939796

书号:ISBN 978-7-5197-5929-2
定价:56.00 元

凡购买本社图书,如有印装错误,我社负责退换。电话:010-83938349

撰稿人 佟丽华 王 芳 姚艳姣

编写说明

2020年11月16日至17日召开的中央全面依法治国工作会议，明确了习近平法治思想在全面依法治国工作中的指导地位，这是我国社会主义法治建设中具有现实意义和深远意义的大事。习近平法治思想是马克思主义法治理论中国化的最新成果，是习近平新时代中国特色社会主义思想的重要组成部分，是全面依法治国的根本遵循和行动指南。

在习近平新时代中国特色社会主义思想指导下，深入学习贯彻习近平法治思想，我们编写《农民工以案释法读本》（第二版），以落实《中央宣传部、司法部关于开展法治宣传教育的第八个五年规划（2021—2025年）》，切实抓好普法学习宣传，维护好农民工权益，增强其法治观念。主要修订如下：

第一，内容方面。

在2020年中央全面依法治国工作会议上，习近平法治思想被确定为全面依法治国的指导思想。习近平总书记提出的“十一个坚持”就是习近平法治思想的核心要义。其中，“坚持以人民为中心”要求把体现人民利益、反映人民愿望、维护人民权益、增进人民福祉落实到全面依法治国各领域全过程，积极回应人民群众对民主、法治、公平、正义、安全、环境等方面的新需求、新期待。据此，本书增加了在新时代背景下与农民工各项权益密切相关的案例，删改了部分过时或不适案例。

新增当前热点话题案例，如离婚冷静期、撤销婚姻、校园欺凌、未成年人代为照护及其他未成年人保护、垃圾分类、抑郁症等。

本书对相关法律法规、规范性文件、司法解释进行了修订，具体情况

如下:

(1)凡涉及《民法通则》《民法总则》《物权法》《合同法》《婚姻法》《继承法》《侵权责任法》相关规定的,均根据《民法典》进行修改;

(2)修订了涉及《未成年人保护法》的内容;

(3)其他修订的法律、法规、规章和司法解释包括:《农村土地承包法》《土地管理法》《预防未成年人犯罪法》《刑事诉讼法》《行政处罚法》《防范和处置非法集资条例》《最高人民法院关于审理劳动争议案件适用法律问题的解释(一)》《最高人民法院关于适用〈中华人民共和国民法典〉婚姻家庭编的解释(一)》《最高人民法院关于审理商品房买卖合同纠纷案件适用法律若干问题的解释》《最高人民法院关于审理人身损害赔偿案件适用法律若干问题的解释》《关于审理民间借贷案件适用法律若干问题的规定》《人民检察院刑事诉讼规则》《公安机关办理刑事案件程序规定》《自然资源部关于加快宅基地和集体建设用地使用权确权登记工作的通知》《中国银保监会关于调整交强险责任限额和费率浮动系数的公告》《互联网用户公众账号信息服务管理规定》等。

第二,结构方面。

参照《民法典》体系调整部分结构,更加全面充分地保护新时代农民工权益。针对每个法律"知识",增加相应案例,采取更清晰合理的体例:案例所涉的法律问题—案例—分析,以方便读者理解并更快掌握法律知识。

第三,文字方面。

对小标题作了调整修改,力求简洁、平易;文风更加精炼,详略得当,重点突出。

普法宣传是一个长期、持续的过程,任重道远。2020 年 12 月,中共中央印发了《法治社会建设实施纲要(2020—2025 年)》,明确提出到 2025 年,"八五"普法规划实施完成,法治观念深入人心,社会领域制度规范更加健全,社会主义核心价值观要求融入法治建设和社会治理成效显著，公民、法人和其他组织合法权益得到切实保障。希望本书能为我国的法治建设、农民工的权益维护发挥作用，作出应有的贡献。

全国“八五”普法学习读本编写组

2021年10月

目录

Contents

第四篇 应知晓的社会保险

第五篇　发生劳动争议该如何解决

第六篇　租房、买房的注意事项

第一篇
打工前的准备工作

1. 进城务工前要做哪些准备

案例

小刘初中毕业后就在家里打游戏，父母让他外出打工，这样以后也能自食其力。小刘也想到外面看看，打算第二天就出门。小刘的叔叔得知他想外出打工后，就问他："你做好准备了吗？"小刘听完一愣：不就是出去找个工作吗，还需要做什么准备？

解析

外出打工既简单也不简单。说它简单，是因为来到城市后随便打听一下，或者找老乡亲友介绍，总能找个活计，当个保安、洗碗工、传菜员等，并不难。但是，打工的时候，要想清楚自己想做什么，自己能做什么，为自己定好目标，而不是仅仅把打工当作一份糊口的工作。

第一，找工作要先了解自己、了解工作，包括自己的知识、性格、技能、爱好以及身体状况等，选择自己能做、适合做的工作。对于自己有些初步想法的职业或者行业，可以向亲朋好友中做过相关工作的人了解有关情况，也可以向从事这方面工作的其他人请教，过来人的经验丰富、体会深刻，能给你提供具有指导意义的信息。

第二，外出找工作要避免几个误区。一个误区是挑肥拣瘦，有的年轻人找工作时往往处于两难状态，想干又怕艰苦，不艰苦的工作收入又低。对于知识、技能、经验都不丰富的年轻人，并不存在既清闲又有钱的工作，具有吃苦耐劳的精神是做好任何一项工作的基本条件。要从艰苦、简单的工作做起，有了经验、有了资本，才会胜任更好的工作。还有一个误区是这山望着那山高，总觉得别人的工作比自己的好，频繁换工作，导致知识和技能得不到提高。找工作要量力而为，从自己能够胜任的工作做起，一步一步地积累知识和技能。另外，要避免"一切朝钱看"的心态，赚钱是进城务工最直接的目的,但并不是最重要也不是唯一的目的。如果只是想方设法地赚钱,很可能会被不法分子利用,以高薪为名吸引你去做不法勾当,走上犯罪道路。

第三,要了解相关的法律规定。外出务工不仅会与用人单位打交道,还可能会与劳动部门、交警、城管执法人员、老乡、工友等人有联系,对与之相关的基本法律,如《劳动合同法》《道路交通安全法》《治安管理处罚法》《民法典》《刑法》等,都应当有所了解。

第四,尽量多带一些钱,至少带足往返路费及预计几天内找不到工作的住宿费和伙食费,以免进城后因找不到工作回不了家或者因为没有钱而被迫同意用人单位的不合理条件。

2. 有公司声称可以介绍到国外"打洋工",怎么判断对方是不是忽悠人

案例

"出国务工年薪可达20万元!"看到这样的宣传,小张动心了。他当即与宣传公司联系,表示自己想出国"打洋工";对方并没有问他会什么技术,只是满口承诺没问题,但要他先交3万元的中介费。虽然中介费数额不小,但想到打工一年连本带利地就都赚回来了,小张便将辛苦积攒的钱拿了出来。可是,当他满心期待自己可以到国外打工时,却意外得知该公司的负责人蒋某因涉嫌合同诈骗罪被提起了公诉。原来,蒋某明知公司不具备境外安排劳务的资质和能力,仍然通过网络宣传等方式招揽客户,收取了500余人共计1800多万元的出国中介费。对于有公司宣传可以帮忙介绍到国外打工的情况,该如何判断真假?

解析

近年来出国"打洋工"逐渐热了起来。与此同时,以提供出国务工的

机会为名进行诈骗的案例也在增多。除上述小张遇到的这种情形外，还有其他的诈骗手法，比如，在国外注册公司后回国招聘员工，并借招聘大肆敛财，而当国内员工持旅游签证前往后才知上当；有的“黑中介”以旅游签证的名义将务工人员送到国外后，再由国外勾结的企业以技术不过关为由解雇，或者以旅游签证的名义将务工人员带到国外就不管了，任凭其滞留他国。

打算出国“打洋工”的，应该注意以下几个方面：

第一，要选择正规的出国中介企业。正规的出国中介企业必须要具备商务部颁发的“对外劳务合作经营许可证”；取得该资格后，政府每年还要年审，中介企业需向政府缴纳备案保证金。由于门槛较高，正规的有出国劳务资质的企业其实并不多，务工人员可以在商务部和当地政府的网站上查到相关中介的信息。如果没有相关资质却对外宣传可以介绍到国外打工的，对这种“黑中介”要小心防范，以免钱财被骗，甚至被孤身滞留国外。

第二，要做好出国务工准备。出国务工前都会有语言培训，无论是从事劳动密集的产业还是从事技术工种，到国外工作都要能够达到简单交流的程度，因此出国人员需要进行语言培训。

第三，出国务工前要了解清楚务工的相关情况。比如，要去的国家和地区、外国雇主的名称、出去后自己的具体工作内容、多久回国一次、每周的工作时间、加班费如何计算、工资是按月还是按周发放、是发人民币还是当地货币等，都要详细问明白。还要了解打工国家的习俗、风土人情和生活习惯。

第四，要注意出国务工一定要取得工作签证。出国签证有旅游签证、商务签证、工作签证。“打洋工”必须要有工作签证；否则拿着旅游签证打工，可能会面临坐牢、罚款以及遣返的后果。

3. 外出打工前要怎么安置孩子

案例

小华的父母都在外面打工,小华和年迈的爷爷奶奶一起生活。村子里剩下的都是老人、孩子,孩子不听老人的话,在外面沾染了不良习气,这让小华的父母深感不安。可是,将孩子带出去,自己又无暇照顾。该怎么安置好孩子?

解析

2016年2月,国务院公布了《关于加强农村留守儿童关爱保护工作的意见》(以下简称《意见》)。根据《意见》的要求,父母外出务工前要对未成年子女进行妥善安置,主要有3种方案:一是携带未成年子女共同生活;二是一方留家照料;三是暂不具备条件的,应当委托有监护能力的亲属或者其他成年人代为监护。同时,依据预防未成年人犯罪的相关规定,《意见》明确要求不得让不满16周岁的儿童脱离监护单独居住生活。2021年6月1日生效的《未成年人保护法》(2020年10月修订)第22条第1款、第2款也规定了,未成年人的父母或者其他监护人因外出务工等原因在一定期限内不能完全履行监护职责的,应当委托具有照护能力的完全民事行为能力人代为照护。选择监护人的时候,要考虑其道德品质、家庭状况、身心健康状况、与未成年人生活情感上的联系等情况;而且,未成年人有表达能力的,还要听取未成年人的意见。需要注意的是,《未成年人保护法》第22条第3款规定,曾实施性侵、虐待等违法犯罪行为的,有吸毒、酗酒、赌博恶习的,曾拒不履行或怠于履行监护、照护职责的,以及其他不适宜担任监护人情形的,不得被委托看护未成年人。由于小华的爷爷奶奶年事已高,照顾自己都很困难,根本无法承担照顾小华的责任。小华的父母可以将孩子带往打工城市一起生活,孩子不到入学年龄的，可以送到幼儿园；达到入学年龄的，则可以就近入学。如果在打工城市一起居住确实不方便，则应该留一方在家里照顾孩子，或者让具有监护能力的其他亲属，比如，孩子的姑、舅、叔、姨等人代为照护。

▶ 4. 父母年迈干不动活，外出打工前老人要托付给谁

案例

张某在外打工多年，父母年近古稀却还在老家耕种农田。一天张某的父亲突发阑尾炎，却因家里没钱无法就医，疼得躺在床上直打滚。后来亲戚得知消息后，才赶紧将他送往医院治疗。亲戚埋怨张某说："自己打工一走几年，连一分钱也没给家里寄回来过。"张某说，自己打工很辛苦，赚的钱不多，实在没法照顾老人。张某这样做对吗？

解析

张某在外打工确实是辛苦的，但是撒手而去对父母不管不顾肯定也是不对的。有些农村青壮年外出打工时，不仅把家中的农田、家务活都推给老人，还让老人帮忙照看孩子，却一年到头不给家里寄一分钱，不往家里写一封信或者打一个电话。老人在家里不但承受着精神压力，还要承担着沉重的经济负担。对于像张某这样不履行赡养义务的行为，父母是有权要求其给付赡养费的。《民法典》第 1067 条第 2 款规定："成年子女不履行赡养义务的，缺乏劳动能力或者生活困难的父母，有要求成年子女给付赡养费的权利。"《老年人权益保障法》(2018 年 12 月修正)第 19 条第 1 款、第 2 款也规定："赡养人不得以放弃继承权或者其他理由，拒绝履行赡养义务。赡养人不履行赡养义务，老年人有要求赡养人付给赡养费等权利。"

人们常说"儿行千里母担忧"，而外出打工人员却往往忽视了留守家中的父母的生活状况。尤其是上了年纪体弱多病的老人，料理自己的生

活都已力不从心,更别说挑起整个家庭的生活重担了。因此,外出打工前,要把家中老人的生活安顿好,比如,把承包地转给他人,年幼的孩子尽量带在身边或者委托其他亲属照看,委托亲戚朋友关心老人的生活起居。同时,打工期间要及时把家庭的日常生活费用寄回家,定期与老人电话联系,了解家中情况,自己安心,也让父母放心。

5. 家里的承包地可以转租给别人吗

案例

小刘一家几年前都外出务工,家里的地就交给了亲戚耕种,每年还要给亲戚几百元的费用。后来小刘的父母与亲戚发生纠纷,就把承包地收了回来,但自家人没法种。小刘就想把承包地租给村里搞规模经营的刘某,但他听说出租需要经过村委会同意,是这样吗?

解析

小刘可以将家庭承包的土地转租出去。

《民法典》第339条规定:“土地承包经营权人可以自主决定依法采取出租、入股或者其他方式向他人流转土地经营权。”第341条规定:“流转期限为五年以上的土地经营权,自流转合同生效时设立。当事人可以向登记机构申请土地经营权登记;未经登记,不得对抗善意第三人。”

由此可见,在承包期内,承包经营权人有权将自己的承包地流转给他人,不需要经过发包的村集体的同意。《农村土地承包法》(2018年12月修正)第38条规定:“土地经营权流转应当遵循以下原则:(一)依法、自愿、有偿,任何组织和个人不得强迫或者阻碍土地经营权流转;(二)不得改变土地所有权的性质和土地的农业用途,不得破坏农业综合生产能力和农业生态环境;(三)流转期限不得超过承包期的剩余期限;(四)受让方须有农业经营能力或者资质;(五)在同等条件下,本集体经济组织成员享有优先权。”第 40 条第 1 款规定：“土地经营权流转，当事人双方应当签订书面流转合同。”该条第 3 款规定：“承包方将土地交由他人代耕不超过一年的，可以不签订书面合同。”小刘将家庭承包的土地转租出去，只需要双方签订书面合同即可。

需要注意的是，无论是什么形式的土地流转，都不得改变土地所有权的性质和土地的农业用途，不得破坏农业生态环境。如果将农用地卖给他人违法建房或者用于其他非农用途，则可能涉嫌非法转让、倒卖土地使用权证等相关的犯罪，将会受到刑事处罚。

▶ 6. 长住城市，老家的宅基地会被收回吗

案例

韩某从 2006 年就来到城市打工，后来他做建材生意赚了不少钱，在城里买了房子，就把家人都接了过来，老家的祖宅也就空了。由于韩家长期也没人居住，村委会就收回宅基地，分配给了村民姚某。韩某和家人回家祭祖时，发现原本自家的宅基地归姚某了。韩某很不满，就向村委会提出归还自己的宅基地。村委会有权收回韩某的宅基地吗？

解析

农民依法取得的宅基地使用权是受法律保护的，农村集体经济组织不得擅自收回；只有在特殊情况下，集体经济组织才可以收回农民宅基地。《土地管理法》(2019 年 8 月修正)第 66 条第 1 款规定：“有下列情形之一的，农村集体经济组织报经原批准用地的人民政府批准，可以收回土地使用权：(一)为乡(镇)村公共设施和公益事业建设，需要使用土地的；(二)不按照批准的用途使用土地的；(三)因撤销、迁移等原因而停止使用土地的。”自然资源部印发的《确定土地所有权和使用权的若干规定》第 52 条规定：“空闲或房屋坍塌、拆除两年以上未恢复使用的宅基地，不

确定土地使用权。已经确定使用权的,由集体报经县级人民政府批准,注销其土地登记,土地由集体收回。”在一般情况下,即使久住城市,其老家的宅基地也是不会被收回的,但要注意是否出现了法律规定的特殊情形。

第二篇
在城市落脚后的注意事项

▶ 1. 进城后还需要办理暂住证吗

案例

小张于2016年6月从家乡来到某市一家机械设备公司工作。入职一个月后，公司要求所有外地户籍的员工都要办理暂住证，并要向公司提交暂住证复印件。小张觉得很疑惑，不是说取消暂住证了吗，怎么还要办？

解析

2015年2月，中央审议通过了《关于全面深化公安改革若干重大问题的框架意见》及相关改革意见，其中提到要扎实推进户籍制度改革，取消暂住证制度，全面实施居住证制度，建立健全与居住年限等条件相挂钩的基本公共服务提供机制。2015年10月，国务院通过了《居住证暂行条例》，于2016年1月1日起施行；因此，小张只需要办理居住证即可。

办理居住证是非常方便的。《居住证暂行条例》第2条规定："公民离开常住户口所在地，到其他城市居住半年以上，符合有合法稳定就业、合法稳定住所、连续就读条件之一的，可以依照本条例的规定申领居住证。"第9条第1款、第2款规定："申领居住证，应当向居住地公安派出所或者受公安机关委托的社区服务机构提交本人居民身份证、本人相片以及居住地住址、就业、就读等证明材料。居住地住址证明包括房屋租赁合同、房屋产权证明文件、购房合同或者房屋出租人、用人单位、就读学校出具的住宿证明等；就业证明包括工商营业执照、劳动合同、用人单位出具的劳动关系证明或者其他能够证明有合法稳定就业的材料等；就读证明包括学生证、就读学校出具的其他能够证明连续就读的材料等。"

办理居住证不需要交费。符合办理居住证条件的，公安机关在受理之日起15日内制作并发放居住证；偏远地区或交通不便的，最长也会在

30日内发放。

另外,需要注意的是,北京市于2021年1月1日起推出了"电子居住证",取代了"纸质"居住证凭证。来京务工的农民工朋友可以通过"北京市居住证微信公众号"和"北京通"App互联网平台,线上申请办理电子居住证(卡)申领、变更、签注等各项业务。

2. 身份证丢失了能在城市补办吗

案例

小刘和朋友晚上吃饭时喝醉了酒,等他第二天一觉醒来才发觉钱包丢了。小刘回到昨晚吃饭的饭店询问,但服务员都表示没有看到过。钱包里的现金并不多,只有300多元,但是里面放着身份证和好几张银行卡,补办证件太麻烦了,尤其是身份证。小刘家在北方农村,打工地却在南方城市,他能在当地补办身份证吗?

解析

小刘可以在打工地补办身份证。

2015年11月,公安部印发了《关于建立居民身份证异地受理挂失申报和丢失招领制度的意见》(以下简称《意见》)。根据《意见》的规定,要在全国加快建立居民身份证异地受理、挂失申报和丢失招领制度,实现居民身份证办理经济便利、使用高效安全。2017年4月27日,公安部召开全国公安机关深入推进户口登记管理工作着力抓好三项重点改革任务视频会议。会议要求,各地要深入推进居民身份证异地受理、挂失申报和丢失招领"三项制度",2017年7月1日起将在全国全面实施居民身份证异地受理、挂失申报和丢失招领工作。虽然不同省份具体部署的时间有所不同,但截至2020年,全国范围内已经实现了身份证的异地挂失和申领工作。

小刘要在打工所在的城市补办身份证，需要先到居住地公安机关居民身份证异地受理点提出补办身份证的申请，填写《居民身份证异地受理登记表》，交验自己的居民户口簿或者居住证，并缴纳工本费（工本费20元，丢失补领40元）。公安机关受理申请后，会将受理信息传送至小刘户籍地的公安机关，户籍地公安机关再进行审核签发。最后，小刘居住地公安机关在接到经审核签发的制证信息后制作身份证，小刘就可以来领取了。

公安机关应当自提交申请起60日内发放身份证；交通不便地区，办理时间可适当延长，但延长不得超过30日。

▶ 3. 国家取消了哪些针对流动人口的收费项目

案例

小林高中毕业后没考上大学就想出去打工，父母便找到在城里打工的亲戚询问情况。亲戚说现在打工只要把该办的证件都办好了，没人会故意刁难你，要是有技术的熟练工人，那可是哪都抢着要的“香饽饽”。小林的父亲就问：“出去打工不是说要交这个费那个费的，这得不少钱吧？”亲戚说，现在取消了好多收费项目，不用像以前那样花那么多的钱了。国家取消了哪些收费项目？

解析

取消的收费项目包括临时居住证或居住证办理费、暂住（流动）人口管理费、计划生育管理费、城市增容费、劳动力调节费、外地务工经商人员管理服务费和外地（外省）建筑（施工）企业管理费等。自2009年起，包括外来人口管理费、证件工本费、居住证费等收费均被取消。

有关部门在办理农民进城务工就业和企业用工手续时，除按照国家有关规定收取证书工本费外，不得收取其他费用。

▶ 4. 不知道哪些职业中介合法,该怎么辨别

案例

过完春节正是求职的高峰期,小张也在此时随着返城务工的人潮来到了某市。由于没找到合适的工作,小张就到一家中介机构交了300元的中介费,之后被安排到一家公司抄写资料。但小张发现公司经他抄写的资料数量巨大,他在公司规定的时间里根本抄不完规定数量的资料。小张被"辞退"后就想让中介退还给自己中介费,却被告知:"这是你的问题,不是我们不介绍工作。"小张之后再去找的时候,该中介却关门了。该怎么辨别哪些是合法的职业中介机构?

解析

职业中介机构是否合法,可以从以下几个方面来辨别:

第一,张贴在电线杆、电话亭、马路旁、楼道间等地方或者是通过网络发送的招聘小广告,绝大多数都是假中介。他们宣传的内容很"诱人",但是实际上根本就不存在这样的工作。

第二,正规的中介机构都应当在经营场所悬挂工商营业执照和劳动保障行政部门颁发的职业中介(或人力资源服务)许可证,许可证上要有上一年度的年检合格标志。《就业服务与就业管理规定》(2018年12月修订)第47条第1款、第2款规定:"职业中介实行行政许可制度。设立职业中介机构或其他机构开展职业中介活动,须经劳动保障行政部门批准,并获得职业中介许可证。未经依法许可和登记的机构,不得从事职业中介活动。"出租屋里设备简陋、招牌不清的中介公司,一般都是"黑中介"。一定要看清中介公司是否有上一年度年检合格标志的许可证。

第三,正规的职业中介的服务项目和收费标准都在明显处公示,而要求求职者缴纳报名费、体检费、服装费、资料费、押金等费用的,一定是违

法中介。根据《中介服务收费管理办法》第15条、第23条的规定，职业中介只能收取合理的服务费（或信息咨询费）。而且，违法中介在收费后不会开具正规票据，往往只开具自己印制的“收据”，还有的会少开金额。

如果发现被“黑中介”骗了，要保留相关证据并及时向劳动监察大队举报。

▶ 5. 找不到工作又没钱回家，该怎么办

案例

刘某从老家来到城市找工作，一个多月过去了，工作没着落，身上带的钱却花光了。他想回老家，可是连回家的路费都凑不齐。刘某突然想起老乡也在这里，老乡家里有一台笔记本电脑，刘某就动了歪心思。趁老乡上班期间，刘某撬开老乡家的门锁，偷走了笔记本电脑，并以500元的价格卖了出去。当他用赃款买到火车票准备离开时，被民警抓获。

解析

遇到困难的时候，刘某没想着用合法的方式解决，却想出了偷电脑的“歪招”，结果被民警抓获，家也回不成了。

农民工朋友进城务工时，有些人可能并没有明确的求职目标，如果一段时间后工作没找到，钱也没了，该怎么办？

首先，可以向老乡、朋友求助。外出打工的时候农民工通常都是结伴而行的，或者是在城里有可以投靠的老乡朋友，在找不到工作又没有钱的时候，不妨找老乡、朋友先借钱买车票回家，回去之后再还钱。

其次，如果身上没钱，又找不到老乡可以求助的，可以通过“114”查询所在城市的救助管理站电话，到救助站寻求帮助。根据《城市生活无着的流浪乞讨人员救助管理办法》第7条的规定，救助站应当根据受助人员的需要提供下列救助：（1）提供符合食品卫生要求的食物；（2）提供符

合基本条件的住处;(3)对在站内突发急病的,及时送医院救治;(4)帮助与其亲属或者所在单位联系;(5)对没有交通费返回其住所地或者所在单位的,提供乘车凭证。

其实,当今社会想找一份不太辛苦、工资又高的工作确实不容易,但只是要找份工作,并不是那么难。有些人年纪轻,从小没受过苦,在外面工作的时候遇到困难就退缩,这样肯定不好找工作。还有的年轻人找不到心仪的工作就躲到网吧里上网,打游戏消磨时间,这样只会让好工作离自己越来越远。好工作都是给有能力的人准备的,而能力并非天生就有,需要在实践的锻炼中获得。因此,找工作的时候首先要端正心态,从简单的工作做起,只要有辛苦付出就必定会有收获。

6. 从车站被人介绍到某单位,发现上当受骗,想走又不让走还强迫交钱,该怎么办

案例

小李外出打工,刚出车站就被一个自称某公司部门经理的陈某介绍到该公司去工作。可小李上班后才发现,公司只有一个很小的厂房,感觉像是一个黑作坊,根本不是陈某所说的规范化的中外合资企业。小李觉得在这里打工不安全想离开,可陈某却一反招工时的热情,说:"你要走可以,先把带你过来的车费和这几天的住宿、伙食费交了。"小李问多少钱,陈某说要1000元,可小李身上只有不到500元,他该怎么办?

解析

在这种情况下,最好不要"以硬碰硬"。在讲理讲不通的情况下,可以先假装应承下来,然后借给家人打电话等机会报警或者逃跑。

打工朋友们需要注意,陈某的行为已经构成了强迫劳动,情节严重的会受到刑事处罚。《刑法》第244条规定:"以暴力、威胁或者限制人身自

由的方法强迫他人劳动的，处三年以下有期徒刑或者拘役，并处罚金；情节严重的，处三年以上十年以下有期徒刑，并处罚金。明知他人实施前款行为，为其招募、运送人员或者有其他协助强迫他人劳动行为的，依照前款的规定处罚。单位犯前两款罪的，对单位判处罚金，并对其直接负责的主管人员和其他直接责任人员，依照第一款的规定处罚。”

▶ 7. 生育第一个子女，还需要办理准生证吗

案例

小张和妻子小红结婚后双双来到城市打工。两年后，小红如愿以偿怀了孕，除小夫妻俩外，他们的父母也都很高兴。小张的妈妈提醒说：“趁着现在身体还不笨重，早点回来把准生证办了，省得以后有麻烦。”小张就问：“现在国家都已经实行三孩政策了，我们这头一胎的，还需要办准生证吗？”

解析

小张和妻子不需要办理准生证。

2021 年 7 月 20 日中共中央、国务院发布了《关于优化生育政策促进人口长期均衡发展的决定》，作出实施三孩生育政策及配套支持措施的重大决策，这是继 2015 年党的十八届五中全会决定启动“全面二孩”政策之后的又一次人口政策大调整。《人口与计划生育法》(2021 年 8 月修改)第 18 条第 1 款规定：“国家提倡适龄婚育、优生优育。一对夫妻可以生育三个子女。”

早在“全面二孩”政策实施之后，各省对生育第一个孩子都取消了审批手续，不再强制性要求办理准生证，而是改成了生育登记制度。因此，小红不需要回原籍办理准生证，只需要携带身份证、户口本、结婚证、怀孕证明等材料，到女方户籍所在地或经常居住地进行登记即可。

第三篇
劳动权利要心里有数

▶ 1. 签劳动合同有什么用处

案例

老郭经朋友介绍来到一个快递公司从事包装箱制作工作，双方口头约定按照每天完成的工作量来计算工钱，每制作一个大箱子工资1000元，每制作一个小箱子工资400元，但并未签订书面劳动合同。一天上午，老郭在制作包装箱时右手被卷进机器，造成右手两指离断、两指骨折。事故发生后，老板支付了医疗费，却拒绝承担其他赔偿费用。当老郭自行申请工伤认定时，工作人员要求他提供劳动合同或者能够证明劳动关系存在的其他证据，但老郭什么都拿不出来。老郭向生产监督管理局投诉公司；生产监督管理局进行调查时，公司却说从来没有雇过老郭，他与公司无关。老郭此时后悔万分，自己早该签订劳动合同。那么，劳动合同有什么用处？

解析

《劳动合同法》第10条第1款规定："建立劳动关系，应当订立书面劳动合同。"劳动合同是劳动者与用人单位确立劳动关系、明确双方权利义务的书面协议。它是证明劳动关系存在的最好证明。书面劳动合同是证明当事人与用人单位劳动关系存在的最直接、最基本的证据，也是当事人在发生劳动争议后寻求法律救济、明确双方权利义务的基本依据。如果没有书面劳动合同而仅有口头约定，不仅在履行合同过程中及发生劳动争议后，导致双方的权利义务很难确定；甚至由于没有劳动合同导致劳动争议处理部门对当事人的举报或申诉不予受理，从而使劳动争议难以解决。书面的凭据很重要。老郭就是因为没有签劳动合同，导致发生工伤后维权很困难。劳动者到用人单位工作，最好签订劳动合同；如果是跟着包工头打工的，也最好让他写个合同或者协议，以防将来发生纠纷后没有证据。

劳动合同虽然很重要,但它并不能决定是否存在劳动关系。《劳动合同法》第 7 条规定:“用人单位自用工之日起即与劳动者建立劳动关系。用人单位应当建立职工名册备查。”也就是说,无论是否签订劳动合同,只要有事实上的用工,劳动关系就存在。因此,老郭虽然没有签订劳动合同,但他如果能证明自己确实在快递公司工作,那么劳动关系也是可以确认的。

2. 单位说签合同就走人,遇到这种情况该怎么办

案例

刘某在某公司做销售员,上班快一年了,公司一直不和他签合同。当他向公司领导提出签订劳动合同的要求时,领导说:“公司只与工作 5 年以上的员工签合同,如果你非要签合同,那你就走人。”刘某非常纠结,自己对这个工作刚摸索出一些经验,也想好好做下去,但现在这样,自己是该走还是该留下?

解析

刘某的情况也是很多打工朋友所遭遇的:留下,按照单位所说不签劳动合同,那么工作没保障;走人,找一份合心的工作不容易,自己也不甘心。用人单位不签订劳动合同肯定是违法的。《劳动合同法》第 10 条第 1 款、第 2 款规定:“建立劳动关系,应当订立书面劳动合同。已建立劳动关系,未同时订立书面劳动合同的,应当自用工之日起一个月内订立书面劳动合同。”但是,有的单位就是铤而走险。如果劳动者想留下来继续工作,为了保障自己的权益以后不被侵害,就要注意在工作中收集能够证明双方存在劳动关系的证据。

根据原劳动和社会保障部发布的《关于确立劳动关系有关事项的通

知》第 2 条的规定，用人单位未与劳动者签订劳动合同，认定双方存在劳动关系时可参照下列凭证：(1)工资支付凭证或记录(职工工资发放花名册)、缴纳各项社会保险费的记录；(2)用人单位向劳动者发放的“工作证”“服务证”等能够证明身份的证件；(3)劳动者填写的用人单位招工招聘“登记表”“报名表”等招用记录；(4)考勤记录；(5)其他劳动者的证言等。另外，根据《民事诉讼法》第 63 条的规定，视听资料和证人证言都可以作为证据。因此，如果你与单位发生纠纷后，单位否认双方存在劳动关系，你可以收集工作证、服务证、单位招工招聘登记表、工友证言、与单位领导的谈话录音等证据来证明双方的劳动关系。

此外，《劳动合同法》第 82 条第 1 款规定：“用人单位自用工之日起超过一个月不满一年未与劳动者订立书面劳动合同的，应当向劳动者每月支付二倍的工资。”当事人与单位发生纠纷申请劳动仲裁时，如果单位没有和当事人签订劳动合同，当事人还可以主张最多 11 个月的双倍工资差额。需要注意的是，双倍工资差额的请求不能超过 1 年的仲裁时效。

▶ 3. 要上岗就要先交押金，这钱该不该交

案例

刘某在一家超市促销某食品公司的火腿肠，底薪只有 1800 元，但多促销产品就能多得提成。刘某工作很卖力，每个月的工资都在 4000 元以上，到节假日购物旺季的时候还拿到过 6000 多元的工资。但一件事让刘某心里不踏实。当初来应聘的时候，公司说按照规定每人要交 5000 元押金，但不需要一次性交清，公司会在工资中扣除，每个月扣 500 元。刘某看到大家伙都被扣钱了，她也没敢提意见，可是仅扣钱却没有给字据，她担心将来公司不给自己退。公司能要求劳动者提供押金吗？

解析

公司这么做是违法的。我国劳动法律法规明确禁止用人单位向劳动者收取定金、保证金(物)或抵押金(物)等。如原劳动和社会保障部1995年发布的《关于贯彻执行〈中华人民共和国劳动法〉若干问题的意见》第24条规定:“用人单位在与劳动者订立劳动合同时,不得以任何形式向劳动者收取定金、保证金(物)或抵押金(物)”。《劳动合同法》第9条也规定:“用人单位招用劳动者,不得扣押劳动者的居民身份证和其他证件,不得要求劳动者提供担保或者以其他名义向劳动者收取财物。”

如果用人单位在招用劳动者时收取抵押金或者担保,劳动者可以向公安部门或劳动行政部门举报。劳动行政部门除责令用人单位限期退还劳动者本人外,还应当按每一名劳动者500元以上2000元以下的标准对用人单位处以罚款;对劳动者造成损害的,用人单位应当承担赔偿责任。

在现实生活中,为了能有一份合适的工作,不少人即使明知单位不应该收取押金也仍然会交,在这种情况下就要注意保留好相关证据,比如,押金条、转账或扣款的银行记录、与单位负责人有关收取押金的录音等,在日后不想干或者被单位辞退的时候,再主张退还押金。

▶ 4. 试用期内单位想解雇就能解雇吗

案例

小王到某公司应聘,公司与其约定了1个月的试用期,承诺如果他在1个月内表现良好即会录用。1个月后,公司负责人通知小王,说他不符合“录用条件”,公司不打算和他签劳动合同。小王就问领导:“我什么地方不符合录用条件?”对方不耐烦地说:“不符合就是不符合!”小王很郁闷,难道在试用期单位想不录用就不录用吗?

解析

用人单位这种做法是错误的。用人单位没有随意解雇职工的权利；即使是在试用期内，也应当举证证明小王确实不符合录用条件。首先，用人单位应当在开始试用期之前，对被考察的劳动者所从事岗位有明确的责任、工作任务和能力要求的相关规定，并向劳动者公示；其次，用人单位应当有试用期考核体系，科学合理地对劳动者进行试用期考察，定期进行考核评定，并将考核标准向劳动者说明。只有当劳动者确实达不到试用期考核标准的，用人单位才能解除劳动关系。

根据《劳动法》第 21 条和《劳动合同法》第 19 条的规定，用人单位在合同中约定的试用期最长不得超过 6 个月。试用期按照期限长短分为 3 种情况：劳动合同期限在 3 个月以上不满 1 年的，试用期不得超过 1 个月；劳动合同期限在 1 年以上不满 3 年的，试用期不得超过 2 个月；劳动合同期限在 3 年以上或者是无固定期限合同的，试用期不得超过 6 个月。如果劳动者和单位签订过几次劳动合同，那单位是不能在每次签合同时都约定试用期的。也就是说，同一个用人单位与同一个劳动者只能约定一次试用期。试用期包含在劳动合同期限内。劳动合同仅约定试用期的，试用期不成立，该期限为劳动合同期限。

如果试用期内用人单位证明劳动者确实不符合他们的录用条件而解除了劳动合同，劳动者是不能要求单位支付经济补偿金的。但劳动者在试用期内有权利要求用人单位支付劳动报酬，并且应当为劳动者缴纳社会保险。根据《劳动合同法》第 20 条的规定，即使在试用期内，用人单位支付的工资也不能低于法定标准：一是试用期工资不得低于本单位相同工作岗位的最低档工资或不得低于劳动合同约定工资标准的 80%；二是不得低于当地的最低工资标准。只要有一个条件不满足，劳动者就有权要求单位补足金额。

5. 扣除“五险一金”后到手的工资低于最低工资标准,单位这样做合法吗

案例

2021年8月,小刘高中毕业后来到城市,在一家机票代售公司找了份工作。当时公司和他约定每月工资3000元,但是工作一个月后他领到的工资却只有2000元。小刘在网上查询得知2021年8月以后该城市的最低工资标准已经达到2320元,他就向公司负责人询问此事。对方说,实发工资是扣除了“五险一金”的,低于最低工资标准没问题。是这样的吗?

解析

公司这么做是违法的。国家对劳动者实行最低工资保护制度,是指劳动者在法定工作时间或依法签订的劳动合同约定的工作时间内提供了正常劳动的前提下,用人单位依法应支付的最低劳动报酬不得低于政府确定的最低工资标准。根据《最低工资规定》第12条第1款的规定,在劳动者提供正常劳动的情况下,用人单位支付给劳动者的工资在剔除下列各项以后,不得低于当地最低工资标准:(1)延长工作时间工资;(2)中班、夜班、高温、低温、井下、有毒有害等特殊工作环境、条件下的津贴;(3)法律、法规和国家规定的劳动者福利待遇等。“五险一金”属于法律规定的劳动者的福利待遇,因此,单位支付的工资在剔除“五险一金”之后,不得低于当地最低工资标准。

北京市人力资源和社会保障局《关于调整北京市2021年最低工资标准的通知》中对此规定得更明确:“下列项目不作为最低工资标准的组成部分,用人单位应按规定另行支付:(一)劳动者在中班、夜班、高温、低温、井下、有毒有害等特殊工作环境、条件下的津贴;(二)劳动者应得的

加班、加点工资;(三)劳动者个人应缴纳的各项社会保险费和住房公积金;(四)根据国家和本市规定不计入最低工资标准的其他收入。”因此,公司发给小刘的工资在扣除“五险一金”后不能低于2320元,否则就是违法。

6. 单位说要和员工签订无固定期限合同,签了以后还能辞职吗

案例

老马在一家公司做了5年的电工,由于他工作认真谨慎,从未有过错误,在签订了两次固定期限合同之后,公司提出要和他签订无固定期限合同。刚听到这个消息后,老马非常高兴,自己以后的工作就有保障了。高兴之余,老马又有点疑虑,万一以后自己想回老家工作,还能辞职吗?

解析

老马的担忧是不必要的。无固定期限劳动合同,是指用人单位与劳动者约定无确定终止时间的劳动合同。这种劳动合同虽然没有确定的终止时间,但并不是说就不能解除,用人单位和劳动者都有解除与终止的权利。《劳动合同法》之所以规定了无固定期限劳动合同这种形式,主要目的是促使用人单位与劳动者建立稳定的劳动关系,特别是保障劳动者的权利,使劳动者不会被用人单位随意解雇。对于劳动者来说,无固定期限劳动合同与固定期限劳动合同是一样的。根据《劳动合同法》第37条的规定,只要劳动者提前30日以书面形式通知用人单位,就可以解除劳动合同。但是,用人单位要解除无固定期限劳动合同,则必须具备法律规定的解雇理由,否则就是违法解雇,劳动者有权要求继续履行劳动合同,或者要求用人单位承担赔偿责任。

7. 上班微信聊天被单位罚款,单位的处罚是否有依据

案例

张某在一家养老护理机构从事护理工作,月底发工资时被扣了200元。负责人说因为监控显示她在上班期间微信聊天,所以罚款200元。张某觉得领导是在小题大做,故意为难自己。单位的处罚是否有依据?

解析

对于张某上班期间微信聊天的行为能不能处罚,先要看单位的规章制度中是否对此有相应的规定。

根据《劳动合同法》第4条第2款、第3款、第4款的规定,用人单位在制定涉及劳动者切身利益的规章制度或者重大事项时,应当经职工代表大会或者全体职工讨论,提出方案和意见,与工会或者职工代表平等协商确定;工会或者职工认为不适当的,有权向用人单位提出,通过协商予以修改完善;用人单位应当将直接涉及劳动者切身利益的规章制度和重大事项决定公示,或者告知劳动者。

用人单位对于劳动者的哪些行为可以进行处罚,属于涉及劳动者切身利益的规章制度,因此应当经过职工代表大会或者全体职工讨论,并应当公示或者告知劳动者。如果该养老机构的规章制度中明确规定职工不能在上班期间微信聊天,那么对张某的处罚就是有合法依据的;如果规章制度中没有这样的规定,或者根本就没有规章制度,或者有规章制度但是并未告知张某的,那么就不能对张某进行处罚。

劳动者与用人单位只有诚信地履行各自的义务,才有利于企业的发展并惠及劳动者。单位的规章制度一旦制定通过后,劳动者即应当遵照执行;劳动者如果认为规章制度不适当,可以向用人单位提出,通过协商予以修改完善。

▶ 8. 单位未经员工同意便调岗，员工能拒绝上班吗

案例

小张在一家公司已经工作了一年多，前两天公司人事部经理突然通知他从销售部调到后勤部，经理的理由是：销售部工作饱和，因此让他把工作交接给另一位同事。但小张在销售部已经工作得很上手了，并不愿意调岗。经理就说："你不愿意也不行，这是公司的安排。"第二天小张上班的时候他的工作就已经被另一个人顶替了，小张气愤不已，他能拒绝上班吗？

解析

调岗属于劳动合同的变更，变更劳动合同应有相应的法律依据。根据《劳动合同法》的规定，劳动合同变更可以有 3 种形式。第一种是双方协商一致变更。《劳动合同法》第 35 条规定："用人单位与劳动者协商一致，可以变更劳动合同约定的内容。变更劳动合同，应当采用书面形式。变更后的劳动合同文本由用人单位和劳动者各执一份。"第二种是按照约定变更，即劳动合同中约定了在什么情况下可以进行调岗，但该约定应当具体明确，不能含糊笼统。第三种是法定变更。如根据《劳动合同法》第 40 条的规定，劳动者患病或者非因工负伤，在规定的医疗期满后不能从事原工作的，单位可以另行安排工作；劳动者不能胜任工作的，用人单位可以调整工作岗位；《女职工劳动保护特别规定》第 6 条第 1 款规定，女职工在怀孕期间不适合从事原工作的，用人单位同样也可以调整工作岗位。

如果不属于这 3 种情形而单位强行调整工作岗位，甚至在职工一方不同意的情况下，作出停发工资、限期调离等决定，这样做既侵犯职工合法权益，也是一种违法行为。劳动者可以向劳动监察部门举报，也可以直

接向劳动争议仲裁委员会申请仲裁,要求确认变更行为无效,继续履行原劳动合同。但是,劳动者发现单位违法调岗后,不建议拒绝上班,因为这可能导致单位以“旷工”为由而将其解雇,劳动者应立即寻求法律途径解决。

▶ 9. 病假工资该怎么算

案例

周某应聘到一家灯箱制作公司工作。签订劳动合同时,周某发现合同中规定,职工请病假时扣除当天全部工资,请事假时要扣2倍的工资。周某认为这样的规定不合理,就向公司经理提出自己的意见。但公司经理认为,职工请假期间没有工作,当然可以扣工资,并且公司有权利采取措施尽可能地限制职工请事假。经理的答复合法吗?

解析

有些单位认为,职工在患病期间没有提供正常劳动,单位就可以不必支付工资,这种想法是错误的。职工患病或非因工负伤治疗期间,在规定的医疗期内由单位按有关规定支付其病假工资或疾病救济费。原劳动和社会保障部印发的《关于贯彻执行〈中华人民共和国劳动法〉若干问题的意见》第59条规定:“职工患病或非因工负伤治疗期间,在规定的医疗期间内由企业按有关规定支付其病假工资或疾病救济费,病假工资或疾病救济费可以低于当地最低工资标准支付,但不能低于最低工资标准的80%。”

▶ 10. 被解雇了,却被单位要求在《辞职申请》上签字,签了有何不利影响

案例

小林在一家商贸公司工作。由于近期经济不景气,公司准备裁减部

分员工,小林不幸就在被裁的名单之中。当小林办理离职的相关手续时,公司负责人要求他在一份已经打印好的《辞职申请》上签字,小林看到上面写着“因个人原因提出辞职”,就问道:“我没提辞职啊,这不是单位解雇的吗?”领导说,想要领最后两个月的工资就签字,不签字就没钱。小林犹豫了,自己该不该签?

解析

小林明明是被单位解雇的,却被要求在《辞职申请》上签字,单位这样做的目的,就是逃避向小林支付解除劳动合同的经济补偿的责任。根据《劳动合同法》第46条的规定,用人单位有下列情形之一的,应当向劳动者支付经济补偿:

(1)劳动者因下列原因解除劳动合同的:用人单位未按照劳动合同约定提供劳动保护或者劳动条件;未及时足额支付劳动报酬;未依法为劳动者缴纳社会保险;规章制度违反法律法规的规定、损害劳动者权益;以暴力、胁迫等非法限制人身自由的手段强迫劳动;用人单位违章指挥、强令冒险作业危及劳动者人身安全的;因用人单位的原因致使劳动合同无效的。

(2)用人单位向劳动者提出解除劳动合同,并与劳动者协商一致的。

(3)用人单位因下列原因解除劳动合同的:劳动者患病或非因工负伤,在规定的医疗期满后不能从事原工作,也不能从事用人单位另行安排的工作的;劳动者不能胜任工作,经过培训或者调整工作岗位,仍不能胜任工作的;劳动合同订立时所依据的客观情况发生重大变化,致使劳动合同无法履行,用人单位与劳动者未能就变更劳动合同内容达成协议的。

(4)用人单位因下列原因需要裁员的:依照企业破产法规定进行重整的;生产经营发生严重困难的;企业转产、重大技术革新或者经营方式调整,经变更劳动合同后,仍需裁减人员的;因劳动合同订立时所依据的客观经济情况发生重大变化,致使劳动合同无法履行的。

(5)除用人单位维持或者提高劳动合同约定条件续订劳动合同,劳动者不同意续订的情形外,劳动合同期满终止的。

(6)因用人单位被依法宣告破产,或者被吊销营业执照、责令关闭、撤销或者用人单位决定提前解散而致使劳动合同终止的。

(7)法律、行政法规的其他情形。

也就是说,除因劳动者有过错而解除劳动合同的情形外,用人单位辞退劳动者都应当支付经济补偿。但是,劳动者主动提出辞职的,除非具有上述第 1 种情形,否则单位都不必支付经济补偿。也正是由于这个原因,单位才要求小林必须在《辞职申请》上签字。为了维护自己应得的经济补偿的合法权益,小林不应签字,在收集被辞退的相关证据后,如单位领导的录音等,可以直接提起劳动仲裁,要求单位支付解雇的经济补偿,并同时要求单位支付最后两个月的工资。

11. 被辞退后,经济补偿该怎么算

案例

老赵是一家报纸发行公司的快递员,每天负责将报纸送到订阅的客户家中。近年来,由于纸媒的衰落,发行公司决定裁员,而年纪较大的老赵不幸就在被裁的名单之中。公司负责人找老赵谈话,提出给他 5000 元补偿,双方解除劳动合同。老赵对此并不满意,自己干了 8 年多,怎么只有这么少的补偿?

解析

由于老赵是因单位裁员而被辞退的,根据《劳动合同法》第 46 条第 4 项和第 41 条的规定,单位应当支付经济补偿金。

《劳动合同法》第 47 条规定,经济补偿金的计算标准是:按照劳动者

在本单位工作的年限，每满1年支付1个月工资的标准向劳动者支付；6个月以上不满1年的，按1年计算；不满6个月的，向劳动者支付半个月工资的经济补偿。劳动者月工资高于用人单位所在直辖市、设区的市上年度职工平均工资3倍的，向其支付经济补偿的标准按照职工月平均工资3倍的数额支付，向其支付经济补偿金的年限最高不超过12年。这里所说的月工资，是指劳动者在劳动合同解除或者终止前12个月的平均工资。

《劳动合同法》第85条规定，如果在解除劳动合同后用人单位未依法支付经济补偿，劳动者可以向劳动行政部门举报，由劳动行政部门责令其支付；如用人单位逾期不支付，劳动行政部门有权责令用人单位按照经济补偿金50%以上100%以下加付赔偿金。

如果用人单位没有任何法定理由而辞退劳动者，属于违法解雇，应当根据《劳动合同法》第87条的规定，按照经济补偿金标准的2倍向劳动者支付经济赔偿。

如果劳动者是非全日制职工（如小时工），那么，根据《劳动合同法》第71条的规定，双方当事人均可随时终止劳动关系，单位也不用支付经济补偿金。

▶ 12. 主动离职需要向单位支付违约金吗

案例

刘某与一家公司签订了劳动合同，公司在合同中约定，如果刘某没有服务满5年即辞职的，应当承担8万元的违约金，刘某考虑到工作不好找就同意了。工作两年多后，刘某积累了丰富的工作经验，找到了另一家发展更好的公司，就向原公司提出辞职。该公司要求刘某缴纳8万元的违约金，刘某认为该数额太高，就向劳动争议仲裁委员会提出了申请。仲裁委会支持该公司关于违约金的要求吗？

解析

根据《劳动合同法》第22条、第23条的规定,只有两种情形下用人单位才可以在劳动合同中与劳动者约定违约金:

第一种是用人单位为劳动者提供专项培训费用,对其进行专业技术培训的,双方可以签订协议约定服务期,劳动者违反服务期约定的,应当按照约定向用人单位支付违约金。违约金的数额不得超过用人单位提供的培训费用,用人单位要求劳动者支付的违约金不得超过服务期尚未履行部分所应分摊的培训费用。

第二种是用人单位与劳动者在劳动合同中约定保守用人单位的商业秘密和与知识产权相关的保密事项,对负有保密义务的劳动者,用人单位可以在劳动合同或者保密协议中与劳动者约定竞业限制条款,并约定在解除或者终止劳动合同后,在竞业限制期限内按月给予劳动者经济补偿。劳动者违反竞业限制约定的,应当按照约定向用人单位支付违约金。

除以上两种情形之外,用人单位不得与劳动者约定由劳动者承担违约金。

该案中用人单位并不符合上述情形,因此没有权利要求刘某承担违约金。当然,如果刘某的辞职给单位造成了其他损失,如对生产、经营和工作造成了直接经济损失,用人单位是可以要求刘某补偿的。

▶ 13. 单位出钱让员工参加了业务培训,离职后员工需要返还培训费吗

案例

小李是一名空调维修工,他和公司签订了3年的劳动合同,在合同中还包含了一份《关于培训费用的协议》,约定小李需要在公司工作满5年,否则需要返还全部培训费用。现在工作刚过了3年,小李觉得工资太

低因而提出辞职，公司就要求他返还培训费用。公司这么做合法吗？

解析

《劳动合同法》第22条第1款、第2款规定："用人单位为劳动者提供专项培训费用，对其进行专业技术培训的，可以与该劳动者订立协议，约定服务期。劳动者违反服务期约定的，应当按照约定向用人单位支付违约金。违约金的数额不得超过用人单位提供的培训费用。用人单位要求劳动者支付的违约金不得超过服务期尚未履行部分所应分摊的培训费用。"

根据该条规定，公司是不是有权要求小李返还培训费用？不一定。

首先，要先明确公司对小李进行的是专项培训还是职业培训。如果只是对小李培训空调设备的维修和安装调试方面的内容，这属于职业培训，接受职业培训是所有劳动者在上岗前应当获得的权利，也是用人单位必须履行的义务，对此不存在返还培训费的问题。

其次，如果公司安排小李参加的是针对特殊岗位、专业技能和知识进行的专业培训，根据《劳动合同法》第22条的规定，公司有权与他签订培训协议，并约定服务期。但是，即使小李提前辞职，公司也无权要求其返还全部培训费用，而只能要求其返还服务期尚未履行的2年所应分担的培训费用。

▶ 14. 单位安排节假日值班，员工能要加班费吗

案例

小张高中毕业后来到城市工作，春节期间被单位安排节假日值班。公司行政办公室主任告诉他，值班时不需要像往常那样上班，只需要负责单位的安全保卫即可。虽然小张很渴望回家和父母团聚过年，但为了能保住这份工作，他还是留下来值班了。假期过后，小张询问财务部门加班

费怎么发,财务人员却说值班期间没有加班费。小张觉得很郁闷,放弃了春节假期在单位值班,怎么会没有加班费?

解析

小张可以按照单位的规章制度要求支付值班费,但却不能主张加班费。

值班不同于加班。虽然值班和加班都是在正常工作时间以外参加本单位的工作,而且都是单位安排而非个人主动的;但值班一般是单位因安全、消防等需要,临时安排或者根据制度安排劳动者从事与本职无关联或虽然有关联但可以休息的工作,一般都是非生产性的工作性质,如安保值班。加班则是指劳动者在正常工作时间以外继续从事自己的本职工作。

如果劳动者是加班,单位就要依据《劳动法》及其他相关法律规定支付加班费;但如果是值班,法律并没有明确规定,一般是依据当地的具体政策或者单位的内部规章制度来确定值班费。

第四篇
应知晓的社会保险

▶ 1. 员工自愿放弃社保，单位能不能把保险费折算到工资里

案例

张某在某企业的后勤部门当司机，上班一个月后，公司要和他签订劳动合同。对于怎么交社会保险，公司提出了这样的解决方案：在工资之外给他每个月多发300元的"保险补贴"，他主动放弃参加社保的权利。张某也觉得交社会保险不如拿现钱划算就同意了。公司就让他签署一份《个人放弃社会保险声明书》，上面写着："因个人原因，在某公司工作期间，自愿放弃养老保险、医疗保险、失业保险、工伤保险和生育保险，公司不承担任何费用与法律责任。"在劳动合同书中，张某看到上面的确写着"保险补贴300元"，他就签字了。公司这样做合法吗？

解析

公司这样做是不合法的。用人单位给劳动者参加社会保险，这是法律的强制性规定，无论劳动者想不想参加社会保险，单位都不能把保险费折算到工资里。《社会保险费征缴暂行条例》第12条第2款明确规定："缴费个人应当缴纳的社会保险费，由所在单位从其本人工资中代扣代缴。"因此，职工的社会保险费应当是由单位从职工的工资中扣除本人应负担的部分，加上单位应缴部分后统一缴纳，而不是当作工资直接支付给职工，由其本人自己缴纳。

有些劳动者觉得上不上保险无所谓，还不如现在多给自己发点工资来得实惠。这种做法从表面上看增加了收入，但实际上不仅使单位逃避了其应当承担的责任；而且更重要的是，对劳动者自己养老、工伤、医疗等保险待遇权益造成了侵害。比如，养老保险，单位要按照个人工资的16%缴费，个人则按工资标准的8%缴费，如果单位不交社会保险了，把保险费折算到工资里发给员工，实际上单位多发的只是员工应当缴纳的8%。

更重要的是,不参加养老保险,将来年老了领不到退休金,生活缺乏保障。

该案例中,单位已经给劳动者每月发放了300元的“保险补贴”,如果单位为劳动者补缴了社会保险,或者是支付了未缴纳社会保险损失赔偿金后,单位要求劳动者返还已发放的保险补贴也是合法的。

▶ 2. 从单位离开后,交的养老保险能退还吗

案例

老张工作了四五年,但公司经营状况不好,老张和其他几个年纪大的同事首先被裁掉了。考虑到自己再找其他工作比较困难,老张琢磨着不如回家算了,既能和家里人在一起,还能省下食宿的费用。拿到公司的遣散费后,老张突然想起来自己在这里还交了几年养老保险,自己能退保并把交的钱拿回来吗?

解析

自2011年7月1日《社会保险法》实施之后,参保人员一律不得退保。如果参保人员离开统筹地到其他地方就业,可以选择将养老保险和医疗保险转移到新工作地,养老保险缴费年限累计计算;如果养老保险在不同地区累计缴费已经满15年,也可以选择停保,待参保人达到法定退休年龄,就可以领取养老保险金了。

但是,如果参保人有特殊情形,可以将养老保险和医疗保险的个人账户一次性领取。根据《社会保险法》第14条,人力资源和社会保障部发布的《实施〈中华人民共和国社会保险法〉若干规定》第3条、第6条的规定,参保的异地户籍人员有下列3种情形之一的,可以一次性支取养老保险个人账户储存额:一是参保人员出国、出境定居且丧失中华人民共和国国籍的,可以在离境时书面申请终止基本养老保险关系,一次性领取养老保险个人账户储存额;二是参保人员未达到法定退休年龄死亡的,其个人

账户可以作为遗产由其继承人一次性领取;三是参加职工基本养老保险的个人达到法定退休年龄后,累计缴费年限不足15年,且未转入新型农村养老保险或者城镇居民养老保险的,可以申请终止养老保险关系,一次性领取个人账户储存额。

▶ 3. 误操作机器受伤,能算工伤吗

案例

小王是某纺织厂清花车间的职工,工作时他发现抓棉机堵塞了,就直接下手清理清花池内的抓棉机。由于抓棉机打手器没有关掉,致使其胳膊被轧伤。发生事故后,小王向厂里提出申请工伤认定,但领导认为他是违章操作机器,因此造成的伤害自负,单位不管。小王受的伤能算工伤吗?

解析

小王受伤虽然是误操作机器导致的,但其是在工作时间、工作地点、履行工作职责时发生的伤害事故,属于工伤,单位应当负责。单位可以因小王违章操作机器而对其处罚,但不能因此拒绝为其申报工伤。根据《工伤保险条例》第14条的规定,下列情形属于工伤:

(1)在工作时间和工作场所内,因工作原因受到事故伤害的。如在操作机械设备时被机器割伤,或者从高处坠落受伤。

(2)工作时间前后在工作场所内,从事与工作有关的预备性或者收尾性工作受到事故伤害的。比如,职工在下班后收拾工具或者将材料运回仓库时受伤的。

(3)在工作时间和工作场所内,因履行工作职责受到暴力等意外伤害的;这种工伤类型最常见的就是保安在工作期间被人打伤。

(4)患职业病的。职业病是工伤中的一种特殊类型,但并不是所有

在工作中得的病都是职业病,只有符合职业病目录的,才能认定为职业病,比如,在工作中接触有毒物质而中毒的,因高温中暑的。

(5)因工外出期间,由于工作原因受到伤害或者发生事故下落不明的。比如,司机在运输货物过程中遭遇洪水而下落不明的;在出差期间遇到海难、地震或其他原因而下落不明的。

(6)在上下班途中,受到非本人主要责任的交通事故或者城市轨道交通、客运轮渡、火车事故伤害的。比如,下班时发生车祸而受伤。需要注意的是,这种情形下认定工伤的,必须是职工不承担事故的主要责任。

(7)法律、行政法规规定应当认定为工伤的其他情形。

除上述几种明确属于工伤的情形外,《工伤保险条例》第15条第1款还规定了"视同工伤"的几种情况。这里所说的"视同工伤",是指虽然不符合上述工伤的条件,但是由于职工受伤与工作有紧密联系,或者是为了维护社会、国家利益,因此也按照工伤来处理:

(1)在工作时间和工作岗位,突发疾病死亡或者在48小时之内经抢救无效死亡的;

(2)在抢险救灾等维护国家利益、公共利益活动中受到伤害的;

(3)职工原在军队服役,因战、因公负伤致残,已取得革命伤残军人证,到用人单位后旧伤复发的。

▶ 4. 因工作压力大导致患上抑郁症,能认定工伤吗

案例

小琳在一家公司从事销售工作,由于市场低迷,公司产品的销售每况愈下。可是,公司下达的销售任务没有减少,相反还有所增加。因为公司将员工的大部分工资及全部奖金与销售业绩挂钩,所以小琳感觉压力倍增,身心长期处于高度疲惫和敏感状态,近期还出现了失眠、烦躁等症状。后来,小琳到医院检查,诊断结果为:精神障碍、抑郁症。小琳认为,自己

患病与单位工作压力大有直接关系，因此到社保部门申报工伤，但遭到了拒绝。这是为什么？

解析

抑郁症不能申报工伤。

按照《工伤保险条例》第14条、第15条的规定，可享受工伤待遇的情形有两种：工伤和视同工伤。“工伤”通常是指符合法定条件的“伤害”而不是“疾病”，如摔伤、割伤等，能够被认定为工伤的“疾病”必须是职业病。“视同工伤”则是法律规定的以下3种特殊情形：

(1)在工作时间和工作岗位，突发疾病死亡或者在48小时之内经抢救无效死亡的；

(2)在抢险救灾等维护国家利益、公共利益活动中受到伤害的；

(3)职工原在军队服役，因战、因公负伤致残，已取得革命伤残军人证，到用人单位后旧伤复发的。

与工作相关的疾病能否被认定为工伤，关键就在于这种疾病是否属于职业病。《职业病防治法》第2条第2款规定：“本法所称职业病，是指企业、事业单位和个体经济组织等用人单位的劳动者在职业活动中，因接触粉尘、放射性物质和其他有毒、有害因素而引起的疾病。”抑郁症是因工作压力大而导致，并非有毒、有害因素所引起的。并且，《职业病分类和目录》中，也没有将抑郁症纳入职业性疾病的范围。因此，小琳虽然因为工作压力大而患上抑郁症，但患上抑郁症并不能被认定为工伤。

▶ 5. 发生工伤后谁来申请工伤认定

案例

小李在一家托运公司做搬运工，在装运货物过程中从叉车上跌落受伤，造成右跟骨开放性骨折。为了能尽早拿到赔偿金，小李与单位达成了私了协议,单位赔偿其2万元。回到老家养伤期间,小李才得知自己吃亏了,但单位以此事已经解决为由不肯为其申报工伤。小李只好托在当地工作的表哥代为申请,没想到工伤认定部门的工作人员表示,小李表哥不具有工伤认定申请人的资格,不能申请。小李很疑惑,表哥有自己亲笔写的委托书,为什么不能代为申请工伤认定?

解析

小李的表哥不是小李的近亲属,也不属于工会代表,因此是不能代理申请工伤认定的。根据《工伤保险条例》第17条的规定,职工发生事故伤害或者按照《职业病防治法》的规定被诊断、鉴定为职业病,用人单位应当申请工伤认定;如果单位不申请,职工本人或者其近亲属、工会组织也可以去申请。具体规定是:

(1)用人单位应当自伤害事故发生之日或者被诊断、鉴定为职业病之日起30日内,向统筹地区社会保险行政部门提出工伤认定申请。遇有特殊情况,经报社会保险行政部门同意,申请时限可以适当延长。

(2)如果用人单位未在规定期限内提出工伤认定申请,受伤害职工或者其近亲属、工会组织在事故伤害发生之日或者被诊断、鉴定为职业病之日起1年内,可以直接提出工伤认定申请。工伤认定申请应向用人单位所在地统筹地区社会保险行政部门提出。其中,“近亲属”,是指工伤职工的配偶、子女、父母、祖父母、外祖父母、孙子女、外孙子女、兄弟姐妹。小李的表哥是不在近亲属的范围之内的,因此没有资格代为申请工伤认定。

另外,需要提醒的是,申请工伤认定是免费的,不需要交费。

▶ 6. 社会保险行政部门审核后认为不属于工伤，职工对该结论不服怎么办

案例

周某在某公司工作，某天早晨他到单位时发现一份重要资料没有带来，便匆忙回家寻找。在回家途中，周某被一辆小汽车撞伤。周某认为自己属于工伤，要求单位为其申请工伤认定；但单位认为他是私自外出导致车祸的，不能算工伤，因此不同意申报。在单位拒绝申报工伤后，周某自己到社保行政部门申请工伤认定。工伤认定部门认为周某不是在上下班途中发生的交通事故，不属于工伤，因而对他的申请不予认定。周某不服，他认为自己虽然是到了单位后又返回家中而出事的，但自己返回家中是因为要取单位的资料，这也是"因工作原因"而造成的交通事故。周某该怎么办？

解析

周某可以依法申请行政复议，或者提起行政诉讼。

社保行政部门作出的工伤认定结论属于社保部门的具体行政行为。《工伤保险条例》第55条规定："有下列情形之一的，有关单位或者个人可以依法申请行政复议，也可以依法向人民法院提起行政诉讼……（二）申请工伤认定的职工或者其近亲属、该职工所在单位对工伤认定结论不服的……"因此，周某对工伤认定部门作出的《不予认定工伤决定书》的决定不服，可以自收到决定书之日起60日内，向社会保险行政部门所属的人民政府或者上一级社保行政部门申请行政复议；对复议决定仍然不服的，可以在收到复议决定之日起15日内，向社会保险行政部门所在地人民法院或者复议机关所在地法院提起行政诉讼；周某也可以在收到《不予认定工伤决定书》之日起6个月内，直接向社会保险行政部门所

在地的人民法院提起行政诉讼。

▶ 7. 发生工伤后多久能申请劳动能力鉴定

案例

张某在一家花炮厂上班时,因爆炸导致一只胳膊被截肢。由于花炮厂事后不承认张某在厂里工作,张某不得不自己收集证据,通过仲裁及诉讼程序确认了与花炮厂之间的劳动关系,并成功申报了工伤。张某听说只有确认伤残级别后才能要求花炮厂支付工伤保险待遇,他就咨询社会保险部门什么时候可以作劳动能力鉴定,工作人员说治疗结束后就可以申请了,是这样的吗?

解析

社保部门的答复并不准确。根据《工伤保险条例》第 21 条的规定,在认定工伤之后,受伤职工在经治疗伤情相对稳定后存在残疾、影响劳动能力的,应当进行劳动能力鉴定。因此,申请劳动能力鉴定需要具备两个条件:一是先认定工伤;二是伤情相对稳定后存在残疾、影响劳动能力的情形。劳动能力鉴定,是指专门的鉴定机构根据国家标准,对工伤职工的伤残程度进行等级评定。《工伤保险条例》第 22 条规定,伤残等级一共有 10 个级别;其中,1 级最严重,10 级最轻。只有确定了属于哪个伤残级别,才能据此计算出工伤职工可以得到的工伤赔付数额。

劳动能力鉴定由用人单位、工伤职工或者其近亲属向设区的市级劳动能力鉴定委员会提出申请,并提供工伤认定决定和职工工伤医疗的有关资料。《工伤职工劳动能力鉴定管理办法》(2018 年修订)第 8 条规定:"申请劳动能力鉴定应当填写劳动能力鉴定申请表,并提交下列材料:(一)有效的诊断证明、按照医疗机构病历管理有关规定复印或者复制的检查、检验报告等完整病历材料;(二)工伤职工的居民身份证或者社会保障卡等其他有效身份证明原件。”

《工伤职工劳动能力鉴定管理办法》第9条规定，劳动能力鉴定一般在60日之内作出；伤情复杂、涉及医疗卫生专业较多的，作出劳动能力鉴定结论的期限可以延长30日。该办法第15条规定，劳动能力鉴定委员会应当自作出鉴定结论之日起20日内将劳动能力鉴定结论及时送达工伤职工及其用人单位，并抄送社会保险经办机构。根据《社会保险法》第38条的规定，劳动能力鉴定费不再由用人单位承担，而是直接从工伤保险基金中支付。

▶ 8. 工伤职工经鉴定达到1～10级伤残的，都享有哪些待遇

案例

小张在一家灯箱制作公司做安装工，在一次拆除广告灯箱时不慎被广告牌砸倒，脊髓受伤，导致全身高位截瘫。认定工伤后，小张经劳动能力鉴定确认为工伤二级。此时灯箱制作公司却提出要解除与他的劳动关系，理由是小张在拆除广告灯箱时严重违反操作规定和单位的规章制度。单位能这么做吗？

解析

单位这么做是违法的。职工工伤等级达到1～4级的，劳动者已经丧失了劳动能力，因此法律强制规定保留其劳动关系，用人单位不能解雇小张。根据《工伤保险条例》第33～37条的规定，工伤职工经鉴定达到1～10级伤残的，应享受以下待遇：

(1)职工被鉴定为1～4级伤残的，保留劳动关系，退出工作岗位，并享受下列待遇：

①从工伤保险基金按伤残等级支付一次性伤残补助金。1级为27个月的本人工资，2级为25个月的本人工资，3级为23个月的本人工资，

4 级为 21 个月的本人工资。

②从工伤保险基金按月支付伤残津贴。1 级为本人工资的 90%,2 级为本人工资的 85%,3 级为本人工资的 80%,4 级为本人工资的 75%。伤残津贴的实际数额低于当地最低工资标准的,由工伤保险基金补足。

③工伤职工达到退休年龄并办理了退休手续后,停发伤残津贴,按照国家有关规定享受基本养老保险待遇。基本养老保险待遇低于伤残津贴的,由工伤保险基金补足差额。

(2)职工被鉴定为 5~6 级伤残的,享受以下待遇:

①从工伤保险基金按伤残等级支付一次性伤残补助金。5 级为 18 个月的本人工资,6 级为 16 个月的本人工资。

②保留与用人单位的劳动关系,由用人单位安排适当工作;难以安排工作的,由用人单位按月支付伤残津贴,5 级为本人工资的 70%,6 级为本人工资的 60%,并由用人单位按照规定为其缴纳应缴纳的各项社会保险费。伤残津贴实际金额低于当地最低工资标准的,由用人单位补足差额。

③经工伤职工本人提出,用人单位可以解除与该职工的劳动关系,由工伤保险基金支付一次性工伤医疗补助金,由用人单位支付一次性伤残就业补助金。一次性工伤医疗补助金和一次性伤残就业补助金的具体标准由省、自治区、直辖市人民政府规定。

根据北京市的规定,一次性工伤医疗补助金的标准为解除或者终止劳动关系时本市上年度职工月平均工资,其中 5 级为 18 个月,6 级为 15 个月。用人单位应当支付的一次性伤残就业补助金按上述标准执行。

(3)职工被鉴定为 7~10 级伤残的,享受以下待遇:

①从工伤保险基金按伤残等级支付一次性伤残补助金。7 级为 13 个月的本人工资,8 级为 11 个月的本人工资,9 级为 9 个月的本人工资,10 级为 7 个月的本人工资。

②劳动、聘用合同期满终止，或者职工本人提出解除劳动、聘用合同的，由工伤保险基金支付一次性工伤医疗补助金，由用人单位支付一次性伤残就业补助金。一次性工伤医疗补助金和一次性伤残就业补助金的具体标准由省、自治区、直辖市人民政府规定。

根据北京市的规定，领取的一次性工伤医疗补助金的标准为解除或者终止劳动关系时本市上年度职工月平均工资，其中7级为12个月，8级为9个月，9级为6个月，10级为3个月。用人单位应当支付的一次性伤残就业补助金按上述标准执行。

如果工伤职工已经评定伤残等级并经劳动鉴定委员会确认需要生活护理的，由工伤保险基金按月支付生活护理费。生活护理费按照生活完全不能自理、大部分不能自理或部分不能自理分为3个等级，其标准分别为统筹地区上年度职工月平均工资的50%、40%、30%。

此外，职工因工作遭受事故伤害或者患职业病需要暂停工作接受工伤医疗的，在停工留薪期内，原工资福利待遇不变，由所在单位按月支付。停工留薪期一般不超过12个月。伤情严重或者情况特殊，经设区的市级劳动能力鉴定委员会确认，可以适当延长，但延长不得超过12个月。

▶ 9. 在宿舍休息时突发疾病死亡的，能算工伤吗

案例

齐某在某劳务公司工作。一天下班后，齐某说身体不舒服，没有和同事一起吃晚饭就先回到宿舍睡觉了。第二天早晨，工友招呼齐某吃早饭时发现他一动不动，送到医院后，经检查，齐某是在睡觉时突发心肌梗死死亡的。齐某家里有年迈的父母，还有尚在读书的孩子，齐某的妻子来公司办理丈夫后事时，向公司领导提出能否给一些补偿。领导说，齐某是在睡觉时死亡的，单位本来没有任何责任，看在他家庭比较困难，所以给了他妻子3000元抚慰金。齐某的妻子有权利要求单位给予补偿吗？

解析

虽然齐某不是在工作中突发疾病死亡的,不能认定为工伤,但他的家人仍然有权依法得到补偿。"非因工死亡",是指职工死亡,但不属于工伤(工亡)的情况,最常见的就是因疾病死亡。对于非因工死亡的补偿,主要依据《社会保险法》(2018 年修正)第 17 条的规定,"参加基本养老保险的个人,因病或者非因工死亡的,其遗属可以领取丧葬补助金和抚恤金;在未达到法定退休年龄时因病或者非因工致残完全丧失劳动能力的,可以领取病残津贴。所需资金从基本养老保险基金中支付"。

《企业职工基本养老保险遗属待遇暂行办法》(人社部发〔2021〕18 号)对《社会保险法》中的原则性规定进行了细化。其中,第 4 条规定:"丧葬补助金的标准,按照参保人员死亡时本省(自治区、直辖市,以下简称本省)上一年度城镇居民月人均可支配收入的 2 倍计算。"第 5 条规定:"抚恤金标准按以下办法确定:(一)在职人员(含灵活就业等以个人身份参保人员),以死亡时本省上一年度城镇居民月人均可支配收入为基数,根据本人的缴费年限(包括实际缴费年限和视同缴费年限,下同)确定发放月数。缴费年限不满 5 年的,发放月数为 3 个月;缴费年限满 5 年不满 10 年的,发放月数为 6 个月;缴费年限满 10 年不超过 15 年(含 15 年)的,发放月数为 9 个月;缴费年限 15 年以上的,每多缴费 1 年,发放月数增加 1 个月。缴费年限 30 年以上的,按照 30 年计算,发放月数最高为 24 个月。(二)退休人员(含退职人员),以死亡时本省上一年度城镇居民月人均可支配收入为基数,根据本人在职时的缴费年限确定最高发放月数(计算方法与在职人员相同),每领取 1 年基本养老金减少 1 个月,发放月数最低为 9 个月。本条所述缴费年限和领取基本养老金时间计算到月。"第 6 条规定:"参保人员因病或非因工死亡,累计缴费年限不足 5 年的,其遗属待遇标准不得超过其个人缴费之和(灵活就业等以个人身份参保人员以记入个人账户部分计算)。"如果企业没有给员工缴纳基本养老保险,则相关待遇由企业来支付。

▶ 10. 企业破产了,我的工伤待遇怎么办

案例

某企业由于疫情拿不到订单而破产,一名10级伤残的工伤职工找到企业领导要求解决他的一次性伤残就业补助金。对方答复说,企业已经申请破产没钱了,这笔钱没法再给他了。他的工伤待遇还有希望拿到吗?

解析

企业负责人的答复是错误的。

伤残职工的工伤保险待遇在企业破产时应给予一次性解决。如果企业不支付,职工应继续向清算组主张权益。

根据《工伤保险条例》第5章"工伤保险待遇"的规定,工伤职工及工亡职工亲属的待遇有些是由社会保险机构支付的,因此企业是否破产均不影响其待遇实现。如1～4级工伤职工的伤残津贴、一次性伤残补助金、生活护理费;5～10级工伤职工的一次性伤残补助金、终止或者解除劳动关系时的一次性工伤医疗补助金;工亡职工亲属的丧葬补助金、供养亲属抚恤金、一次性工亡补助金等。需要注意的是,由于上述费用系由社会保险机构打入企业账户,而后再由企业支付给个人的,因此在企业破产时工伤职工及工亡职工亲属需要加强与社会保险机构的联系,以确定相关待遇是否转入企业,若已转入应及时与企业沟通。

对于另外一部分不属于社保机构支付的费用,工伤职工只能向破产企业清算组提出,一次性清算自己应得的待遇。

11. “养老保险缴费满15年就不用再缴费”这种说法对吗

案例

小王在一家洗涤剂制品厂工作了17年,后这家工厂因为经营不善而破产倒闭。小王失业后经过朋友介绍来到一家仪器制造厂上班。这是一家私人企业,老板表示不愿意交社会保险的,可以把保险费折算到工资里。小王觉得自己在洗涤剂厂已经交了17年的社会保险了,且听说养老保险缴费满15年就能领取退休金,那自己就不用再交了吧?

解析

小王对法律的理解是不正确的。

“养老保险缴费满15年”是办理退休并享受按月领取养老保险的必要条件之一,但并非缴费满15年就不用再缴了。只要职工处于就业、有收入状态,企业和职工就必须按时足额缴纳基本养老保险费,这是法律的强制性要求,否则参保人必须在补缴养老保险费和依法缴纳滞纳金之后,才能按规定享受养老保险待遇。而且,养老金的多少与缴费年限和缴费基数是直接挂钩的,也就是缴费时间越长、缴费金额越多,将来退休后领取的养老金也就越多。另外,每年养老金的增长水平,也与缴费年限进行了挂钩,按照缴费时间的长短来确定养老金的部分增长水平。简单地说,就是“多缴多得、长缴多得”。比如,张三累计缴费15年,而李四累计缴费20年,两个人每个月缴费的基数都是2000元,将来退休后李四按月领取的养老金数额肯定比张三要多。

如果职工达到法定退休年龄但养老保险缴费不满15年,根据《社会保险法》第16条以及人力资源和社会保障部发布的《实施〈中华人民共和国社会保险法〉若干规定》第2条、第3条的规定,职工可以有3种选择:一是继续缴费至满15年,之后按月领取养老金。《社会保险法》实施前参保、延长缴费5年后仍不足15年的,可以一次性缴费至满15年。二是转入新型农村社会养老保险或者城镇居民社会养老保险,按照相关规定享受养老保险待遇。三是一次性取出个人账户存储额,终止职工基本养老保险关系。需要注意的是,在第三种选择下,职工领取的只是个人账户中的存储额,而用人单位所缴纳的养老保险费属于国家统筹部分,是不支付给个人的。

▶ 12. 在某城市打工时交了养老保险后,又到其他城市工作,已经缴纳的养老保险费怎么处理

案例

小赵从老家来到北方某城市打工,但换了几份工作都让他不满意。2018 年,小赵的一个朋友劝他到南方来工作。小赵在办理离职相关手续时,想到自己已经在这里上了四五年的养老保险,到南方肯定是重新上了,那这几年的保险就白交了吗?

解析

小赵的保险是不会白交的。

根据《社会保险法》第 19 条的规定,职工跨统筹地区就业的,养老保险关系可以随职工本人转移,缴费年限实行累积计算。个人达到法定退休年龄的,基本养老金分段计算、统一支付;达到法定退休年龄时累计缴费不足 15 年的,根据相关规定处理。目前,养老保险转移接续的主要依据是《城镇企业职工基本养老保险关系转移接续暂行办法》。养老保险关系转移接续的具体内容是:

(1)参保职工跨统筹地区就业转移基本养老保险关系时,保险费的转移方法:

①个人账户储存额:1998 年 1 月 1 日之前按个人缴费累计本息计算转移,1998 年 1 月 1 日后按计入个人账户的全部储存额计算转移。

②统筹基金(单位缴费部分):以本人1998年1月1日后的各年度实际缴费工资为基数,按12%的总和转移;参保缴费不足1年的,按实际缴费月数计算转移。

(2)参保人员的基本养老保险关系的转移接续手续办理方法:

①参保人员返回户籍所在地(指省、自治区、直辖市)就业参保的,户籍所在地的社保经办机构应为其及时办理转移接续手续。

②参保人员到其他地区就业参保的,由新参保地的社会保险经办机构为其办理转移接续手续。但如果男性年满50周岁、女性年满40周岁,应当在原参保地继续保留基本养老保险关系,同时在新参保地建立临时基本养老保险缴费账户,记录单位和个人全部缴费。参保人员再次跨省流动就业或者在新参保地达到养老保险待遇领取条件时,将临时基本养老保险缴费账户中的全部缴费本息,转移归集到原参保地或待遇领取地。

③如果参保人员是经县级以上党委组织部门、人力资源社会保障行政部门批准调动,而且与调入单位建立劳动关系并缴纳基本养老保险费的,不受上述男性年满50周岁、女性年满40周岁的年龄限制,应当在调入地及时办理基本养老保险关系转移接续手续。

(3)跨地区流动就业的参保人员,达到养老金的领取条件时,其待遇领取地按如下确定:

①基本养老保险关系在户籍所在地的,由户籍所在地负责办理待遇领取手续,享受基本养老保险待遇。

②基本养老保险关系不在户籍所在地,而在其基本养老保险关系所在地累计缴费年限满10年的,在该地办理待遇领取手续,享受当地基本养老保险待遇。

③基本养老保险关系不在户籍所在地,且在其基本养老保险关系所在地累计缴费年限不满10年的,将其基本养老保险关系转回上一个缴费年限满10年的原参保地办理待遇领取手续,享受基本养老保险待遇。

④基本养老保险关系不在户籍所在地,且在每个参保地的累计缴费年限均不满10年的,将其基本养老保险关系及相应资金归集到户籍所在地,由户籍所在地按规定办理待遇领取手续,享受基本养老保险待遇。

(4)基本养老保险关系转移接续的流程:

①参保人员在新就业地按规定建立基本养老保险关系和缴费后,由用人单位或参保人员向新参保地社会保险经办机构提出基本养老保险关系转移接续的书面申请。

②新参保地社会保险经办机构在15个工作日内,审核转移接续申请:对符合规定条件的,向参保人员原基本养老保险关系所在地的社会保险经办机构发出同意接收函,并提供相关信息;对不符合转移接续条件的,向申请单位或参保人员作出书面说明。

③原基本养老保险关系所在地社会保险经办机构在接到同意接收函的15个工作日内,办理好转移接续的各项手续。

④新参保地社会保险经办机构在收到参保人员原基本养老保险关系所在地社会保险经办机构转移的基本养老保险关系和资金后,应在15个工作日内办结有关手续,并将确认情况及时通知用人单位或参保人员。

(5)农民工中断就业或返乡没有继续缴费的,由原参保地社会保险经办机构保留其基本养老保险关系,保存其全部参保缴费记录及个人账户,个人账户储存额继续按规定计息。农民工返回城镇就业并继续参保缴费的,无论其回到原参保地就业还是到其他城镇就业,均按前述规定累计计算其缴费年限,合并计算其个人账户储存额,符合待遇领取条件的,与城镇职工同样享受基本养老保险待遇;农民工不再返回城镇就业的,其在城镇参保缴费记录及个人账户全部有效,并根据农民工的实际情况,或在其达到规定领取条件时享受城镇职工基本养老保险待遇,或转入新型农村社会养老保险。

13. 在单位交了职工养老保险,又在老家参加了城乡居民基本养老保险(城居保),退休后可以领取双份养老金吗

案例

小马在城市打工期间,单位给他交了“五险一金”。在他外出打工前,小马就在老家和家里人一起上了城居保,后来家里人还一直给他交着钱。小马琢磨,现在自己有了两份保险,将来能不能领两份养老金?

解析

小马退休后,只能领取一份退休金。

根据国务院印发的《关于建立统一的城乡居民基本养老保险制度的意见》第3条的规定,参加城居保的参保人是“年满16周岁(不含在校学生),非国家机关和事业单位工作人员及不属于职工基本养老保险制度覆盖范围的城乡居民,可以在户籍地参加城乡居民养老保险”,因此,农民工在城镇企业工作并参加了城镇职工养老保险的,是不符合参加城居保的条件的。也就是说,城镇职工保险和城居保,只能选择其一参加。

由于农民工流动很频繁,他们可能在城市安家成为市民,也可能回到农村。如果农民工参加了城镇职工基本养老保险,并享受到职工养老金的待遇,就不必再参加城居保了;但如果没有达到享受职工养老金的要求,比如,累计缴费不满15年,并且又返回农村居住,按照《城镇企业职工基本养老保险关系转移接续暂行办法》第9条的规定,可以在农村参加新农保(现在统一为城居保),并将城镇职工保险的缴费积累转入新农保的个人账户中,达到退休年龄后,按照新农保领取相关待遇。

农民工在城镇参加企业职工基本养老保险与在农村参加新型农村社会养老保险的具体衔接政策,根据《城乡养老保险制度衔接暂行办法》第3条至第6条的规定,衔接时间为参保者达到领取养老金的年龄,如果是

男性,目前为60岁。具体衔接办法为:参加职工养老保险的时间累加起来超过15年的,领取职工养老保险待遇,同时把城居保里的权益累加合并过来;如果职工养老保险参保年限不够15年,在城居保里进行结算,同时把职工养老保险里的个人账户存储额及利息全部转移过来。

▶ 14. 既参加了职工医疗保险又参加了新型农村合作医疗,医疗费用可以分别在两处报销吗

案例

张某原先在农村老家务农,在村干部的动员下,全家参加了新型农村合作医疗。后来张某来到城市打工,单位给他交了职工医疗保险。自己有了两份保险,张某却疑惑了:如果自己生病了,那是不是也能双重报销?

解析

《流动就业人员基本医疗保障关系转移接续暂行办法》第2条规定:"城乡各类流动就业人员按照现行规定相应参加城镇职工基本医疗保险、城镇居民基本医疗保险或者新型农村合作医疗,不得同时参加和重复享受待遇。……"根据该办法第3条至第5条的规定,对于农民工在城镇就业并有稳定劳动关系的,应当首选参加城镇职工医疗保险,其原先参加的新型农村合作医疗可以按当地规定退出;如果张某将来返回老家,还可以继续参加新型农村合作医疗。在城镇就业不稳定的,则可以自愿选择参加户籍地的新型农村合作医疗,或者是在城镇参加职工医疗保险。

因此,依照法律规定,张某是不应同时参加两种医疗保险制度的,更不能在生病时重复享受医疗保险待遇。其实,无论是参加哪种医疗保险,报销医疗费时都需要提交医疗费用的原始票据,发票也不可能同时在两

处报销,因此从实践操作层面来说也是不可能双重报销的。从待遇享受来看,城镇职工医疗保险的报销比例要远高于新型农村合作医疗:如果农民工两种医疗保险都参加了,尽量选择从职工医疗保险报销;如果从城市辞职回到农村,那生病后就可以走新型农村合作医疗报销。

15. 小时工的社会保险该怎么交

案例

刘姐是某公司的保洁员,由于该单位人员少、办公场所不大,当初领导招聘刘姐时就提出让她每天来2个小时打扫干净卫生即可,其他时间可以自由安排。工作一年多后,刘姐问领导是否可以给她交社会保险,领导说她是小时工,连合同都不用签,哪里还有什么保险。领导所说的对吗?

解析

领导所说的话并不完全对。

与全日制职工相比,小时工(也就是法律上所说的非全日制职工)的社会保险并非强制性的,也就是用人单位可以为其缴纳,也可以由非全日制职工自己参保。但需要注意的是,工伤保险是必须由用人单位缴纳的;小时工发生工伤事故的,享受的待遇与其他劳动者相同。原劳动和社会保障部《关于非全日制用工若干问题的意见》第12条规定:“用人单位应当按照国家有关规定为建立劳动关系的非全日制劳动者缴纳工伤保险费。从事非全日制工作的劳动者发生工伤,依法享受工伤保险待遇;被鉴定为伤残5—10级的,经劳动者与用人单位协商一致,可以一次性结算伤残待遇及有关费用。”如果用人单位没有给小时工参保,养老、医疗、失业和生育保险的具体缴纳办法和缴纳数额,小时工可以参考当地的具体规定,自行参保。

第五篇
发生劳动争议
该如何解决

▶ 1. 与单位发生劳动纠纷，该到哪儿解决

案例

老刘在某大厦的物业公司当厨师，因为大厦卫生和安全不达标被有关部门责令停业，物业公司因此解除了与老刘的劳动关系，但并没有给予老刘任何赔偿。老刘听说劳动纠纷都得先去申请仲裁，不能直接上法院，但他的母亲前两天突发脑梗正在住院治疗，老刘想赶紧处理自己的事情后回家。他该怎么解决？

解析

根据《劳动法》第 77 条、《劳动争议调解仲裁法》第 4 条和第 5 条的相关规定，发生劳动纠纷后，可以有 4 种解决途径：和解、调解、仲裁、诉讼。

和解，即当事人双方自行协商，达成解决劳动争议的协议，协议的达成和履行完全靠双方的自愿、自觉。调解，即在中立的第三方主持下，通过说服、劝导，使劳动争议在当事人双方的互谅互让中得以解决。仲裁，是指劳动争议仲裁机构对劳动争议依法进行裁决。劳动仲裁只要有一方申请就可以启动，不以另一方当事人的同意为条件，是一种强制仲裁。诉讼，是指当事人不服劳动仲裁的裁决，依法向人民法院起诉并由人民法院按法律规定的程序进行审理和判决的活动。

和解和调解都不是法律强制要求的程序，当事人可以自己选择。和解和调解的好处是，劳动者与单位之间的关系不至于闹僵，对于还想继续在单位工作的劳动者来说比较合适；另外，和解和调解速度快、成本低，这也是很多劳动者青睐和解和调解的原因。如果达不成和解或调解，当事人只能选择到劳动争议仲裁委员会提出仲裁申请，对仲裁裁决不服的再向法院起诉。

老刘申请了法律援助，在援助律师的帮助下通过与单位调解拿到了

3 万多元的解除劳动合同的经济补偿,但单位不同意支付加班费和未缴纳社会保险的补偿。虽然没有拿到全部赔偿,但 3 万多元的经济补偿已经解决了他的燃眉之急,拿到这笔钱后老刘就回了老家。在老刘回老家之前,律师为他办理了仲裁和诉讼的委托手续,此后提起仲裁、诉讼,都不需要老刘亲自办理。之后,律师帮他提起了劳动仲裁,仲裁裁决单位应当支付其加班费和社会保险补偿共计 12,000 元。单位不服裁决向法院起诉,律师又帮老刘应诉,法院同样判决单位支付 12,000 元。最终,通过法院强制执行,老刘拿到了全部补偿。

▶ 2. 劳动争议案件打官司要收费吗

案例

小刘被单位解雇后因补偿问题双方发生纠纷,小刘就想通过司法途径解决。他在咨询后得知,需要先向劳动争议仲裁委员会提出申请,如果对仲裁裁决不服,才能向法院起诉。小刘觉得,自己主张的赔偿也不过 1 万元左右,如果对仲裁裁决不满意,还要去法院,这起诉得花多少钱?要是自己再请个律师,这点赔偿倒搭进去恐怕都不够,小刘对此颇为纠结。劳动争议案件打官司需要花多少钱?

解析

劳动争议案件的收费并不高。

首先,《劳动争议调解仲裁法》第 53 条规定:“劳动争议仲裁不收费。劳动争议仲裁委员会的经费由财政予以保障。”因此,小刘提起劳动仲裁是不需要交费的。

其次,向法院提起劳动争议诉讼,应当交纳案件受理费。根据《诉讼费用交纳办法》第 13 条第 1 款第 4 项的规定,劳动争议案件每件交纳案件受理费 10 元。该办法第 20 条规定,案件受理费由原告等预交,追索劳动报酬的案件可以不预交案件受理费。该办法第31条规定,经人民法院调解达成协议的案件,诉讼费用的负担由双方当事人协商解决;协商不成的,由人民法院决定。第15条、第34条规定,原告申请撤诉,法院裁定准许的,案件受理费由原告负担一半。第27条规定,被人民法院裁定不予受理、驳回起诉、驳回上诉的案件,不交纳案件受理费。

如果当事人交纳诉讼费确有困难,根据该办法第44条的规定,还可以向人民法院申请缓交、减交或者免交诉讼费用的司法救助。

需要注意的是,小刘如果想聘请律师,律师费是需要自己来承担的;即使胜诉了,从现有的法律规定来看,也不支持由败诉的单位承担。但是,小刘如果确实经济困难,可以申请法律援助,援助律师可以免费帮助他打官司。

可见,小刘通过打官司来维权,并不会花费太多。当然,为了准备案件和开庭而支出的交通费、误工费等,还是需要自己承担的。

3. 单位没有给我交社会保险,我能申请劳动仲裁要求补缴吗

案例

刘某在一家单位从事电焊工的工作,单位领导口头承诺其工资每月5000元,双方未签订劳动合同,单位也没有给他交社会保险。刘某在工作时因地面湿滑摔倒受伤,他与单位因工伤保险待遇发生纠纷。为此,刘某提起了劳动仲裁申请,其中一项请求是要求单位补缴社会保险。仲裁委在审查其申请后,对他的其他请求都予以受理,唯独补缴社会保险的请求不受理,这是为什么?

解析

根据《劳动争议调解仲裁法》第2条的规定,劳动仲裁委员会受理的

劳动争议案件有以下6种:

(1)因确认劳动关系发生的争议;

(2)因订立、履行、变更、解除和终止劳动合同发生的争议;

(3)因除名、辞退和辞职、离职发生的争议;

(4)因工作时间、休息休假、社会保险、福利、培训以及劳动保护发生的争议;

(5)因劳动报酬、工伤医疗费、经济补偿或者赔偿金等发生的争议;

(6)法律、法规规定的其他劳动争议。

在上述争议的种类中包括因社会保险发生的争议。但目前从各地的实践做法来看,上述社会保险方面的争议,主要是指因单位没有交社会保险而给劳动者造成损失的补偿争议,如工伤保险待遇补偿、医疗保险待遇补偿等。如果是由于单位没有交社会保险而要求补缴保险,或者是由于单位按照低于本人实际工资的标准缴纳而要求补足社会保险费,通常仲裁委都不再受理,而要求劳动者通过劳动监察、社保稽核部门投诉来解决。

比如,北京市高级人民法院和北京市原劳动和社会保障局在2009年8月通过的《关于劳动争议案件法律适用问题研讨会会议纪要》中就曾规定,职工因用人单位应建立却未建立社会保险关系而申请要求补缴的,不予受理,欠缴社会保险费或未按规定的工资基数足额缴纳社会保险费的,劳动者主张予以补缴的,一般不予受理,劳动者应该通过向劳动监察或者社会保险稽核投诉的方式解决。

4. 上班3年一直没有签劳动合同,能要求单位支付3年的双倍工资吗

案例

小高于2016年6月入职某食品公司从事会计工作,公司一直没有与他签订劳动合同。由于这里的工资较高,小高担心自己提出签订劳动合

同会影响自己与公司的关系，因此也就保持沉默了。后来因种种原因，小高与公司的副总经理产生矛盾，工作也因此受到影响，他就于 2019 年 7 月提出了辞职。辞职后，小高想起自己一直没有和公司签过劳动合同，就向劳动争议仲裁委员会提出申请，要求单位支付 3 年来未签订劳动合同的双倍工资差额，小高的主张能得到支持吗？

解析

小高的主张是没有法律依据的，不会得到支持。

首先，劳动者要求单位支付双倍工资差额的，主张差额的期间最多不能超过 11 个月。《劳动合同法》第 82 条第 1 款规定："用人单位自用工之日起超过一个月不满一年未与劳动者订立书面劳动合同的，应当向劳动者每月支付二倍的工资。"因此，主张双倍工资差额的期间最多只能是从用工之日起满 1 个月的次日至满 1 年的前一日。即使像小高这样工作 3 年甚至更多年份却一直没有签订劳动合同的，未签订劳动合同的双倍工资也只能主张 11 个月。

其次，劳动者要求单位支付双倍工资的，要注意时效问题。《劳动争议调解仲裁法》第 27 条第 1 款规定："劳动争议申请仲裁的时效期间为一年。仲裁时效期间从当事人知道或者应当知道其权利被侵害之日起计算。"小高在工作满 1 个月单位没有与其签订劳动合同的时候，就应当知道自己的权利被侵害了，因此仲裁时效从这时就开始计算。也就是说，小高如果要主张 11 个月的双倍工资差额，最迟在工作满 1 年零 1 个月的时候就应该提起仲裁，而他在 3 年后才申请，已经超过了仲裁时效。

5. 被单位辞退后，应该什么时候申请仲裁

案例

小宇在一家家具厂工作，由于经济形势不好，老板宣布裁员，只保留

1/3 的员工。小宇就属于被裁的员工,但家具厂在结算遣散费的时候,每人只给半个月的工资。很多员工都已经工作多年,认为给的补偿太少。其他员工还在和厂里交涉的时候,小宇因为家里的承包地纠纷,只能先回家处理。等他再回来的时候,已经过去几个月了,小宇听说最后也没协商好,其他人都通过仲裁解决了,他也想申请仲裁,可他听说仲裁是有时效的,现在小宇还能提出劳动仲裁申请吗?

解析

《劳动争议调解仲裁法》第 27 条第 1 款规定,劳动争议仲裁的时效期间为一年,所以小宇并没有过期,他仍然可以申请仲裁。

仲裁时效期间从当事人知道或者应当知道其权利被侵害之日起计算。如果在一年的时效期间里,劳动者曾向用人单位主张过权利(比如,单位拖欠工资的,曾向单位领导要过工资),或者向有关部门请求权利救济(比如,曾经到劳动监察部门投诉),或者单位同意履行义务(比如,单位同意支付被拖欠的工资),有以上任何一种情形发生的,仲裁时效就中断了。从中断、有关程序终结时起,仲裁时效期间会重新计算。比如,单位在未支付工资和补偿款的情况下解雇了员工,从解雇之日起仲裁时效开始计算,3 个月后若被解雇员工向劳动监察投诉的,那么仲裁时效就从投诉之日起中断,然后重新开始计算,已经过去的 3 个月就不再计算了。

如果有不可抗力或者其他正当理由,当事人不能在上述规定的仲裁时效期间申请仲裁的,仲裁时效中止。从中止时效的原因消除之日起,仲裁时效的期间继续计算。还是引用上面的例子,单位在解雇员工之后没有给工资和补偿,仲裁时效从解雇之日起就开始计算。但是在 3 个月后,若被解雇员工发生车祸而在医院无法行动,也无法联系到亲属帮忙,在这种情况下仲裁时效中止,从员工恢复行动能力之日起,仲裁时效才开始继续计算。

▶ 6. 单位注册地和工作地不在同一个地方，该到哪个地方申请劳动仲裁

案例

刘某是某公司派驻超市促销洗衣液的促销员，工作3年后，因该品牌洗衣液从超市撤柜，公司便辞退了刘某。公司方面仅同意支付其最后一个月的工资，没有任何补偿。刘某不服，来到超市所在地的劳动争议仲裁委员会申请仲裁。立案时，工作人员发现公司的注册地是在另一个城市，因此要求刘某到公司注册地申请仲裁。刘某认为，自己3年来一直在本地工作，为什么要到别的城市去申请仲裁？

解析

仲裁委员会不受理刘某的申请是不对的。

根据《劳动争议调解仲裁法》第21条第2款的规定，劳动争议由劳动合同履行地或者用人单位所在地的劳动争议仲裁委员会管辖。如果用人单位和劳动者分别向劳动合同履行地和用人单位所在地的劳动争议仲裁委员会申请仲裁的，由劳动合同履行地的仲裁委员会管辖。这里所说的"劳动合同履行地"通常是指工作所在地；"用人单位所在地"则是指用人单位的注册地。两个地点可能是一致的，也可能不在一起；如果不在一起，那么申请仲裁时，劳动合同履行地是优先的选择。刘某的劳动合同履行地是在超市，因此当地的仲裁委就应当受理刘某的申请。

劳动争议仲裁委员会在收到仲裁申请之日起5日内，符合受理条件的，应当受理，并通知申请人；不符合受理条件的，应当书面通知申请人不予受理，并说明理由。对劳动争议仲裁委员会不予受理或者逾期没有作出决定的，申请人可以直接向法院起诉。

7. 单位没有执行劳动仲裁委员会作出的调解书,还需要到法院起诉吗

案例

郑某在工作中因机器故障导致一只眼睛严重受伤,用人单位一直拒绝支付工伤保险待遇,郑某就向劳动争议仲裁委员会提出了申请。在仲裁开庭审理中,仲裁员对双方当事人进行调解,郑某同意了用人单位提出的10万元和解协议,仲裁员根据双方达成的协议制作了调解书并送达了双方。但调解协议送达之后,单位迟迟没有履行,对郑某的询问也是以各种理由推脱。郑某拿不到赔偿非常着急,他该怎么让单位执行调解书?

解析

根据《劳动争议调解仲裁法》第42条的规定,劳动争议仲裁委员会在审理劳动争议案件时,应当对双方当事人进行调解。当事人经调解达成调解协议的,调解书自送达之日起即发生法律效力。该法第51条规定,一方当事人逾期不履行生效的调解书的,对方当事人可以申请人民法院执行。郑某不必再到法院起诉,可以直接拿着生效的调解书申请人民法院强制执行。调解协议通常是双方妥协的结果,而在实践中又往往是劳动者一方作出了让步甚至是重大让步,如果在这种情形下达成了调解协议,单位又不主动履行,则劳动者的损失更大。因此,为了避免这种情形的发生,劳动者最好在与单位达成调解协议时就要求其当场支付调解书中规定的金额,"一手交钱一手签协议"。确实无法做到的,也要让单位先支付部分款项,或者在调解书中约定迟延支付的违约金,促使单位尽早履行协议。

如果劳动争议仲裁委员会制作的调解书被人民法院裁定不予执行,或者当事人对已经发生法律效力的调解书提出证据证明调解违反自愿原

则，或者调解协议的内容违反法律规定的，当事人可再次向作出调解协议的劳动争议仲裁委员会申请仲裁，经劳动争议仲裁委员会审查属实的，应当按照劳动争议仲裁委员会的监督程序重新处理。

▶ 8. 劳动仲裁应该在多长时间内作出裁决

案例

小张在一家塑业公司从事拉丝工的工作。刚开始小张只能拿2000多元的工资，后来逐渐熟练后，工资涨到了4000多元。对于这份工作，小张只有一个感觉：累！根据公司的安排，他基本上每天都要工作12个小时，周末还要加班。算下来，每个月的工作时间都在300个小时以上。这么高强度的工作，即使是小张这样的壮小伙也有点受不了。最让他难以忍受的还不是这个，而是加班没有加班费。因为加班费的问题，小张和领导闹翻，公司以他不服从管理为由辞退了他。为此，小张提起了仲裁，要求公司支付工作以来的加班费和未休年休假的工资。仲裁委员会受理申请后，迟迟没有作出裁决，小张在半年后仍然没有拿到裁决书，他该怎么办？

解析

根据《劳动争议调解仲裁法》第43条的规定，在通常情况下，劳动争议仲裁委员会应该在受理案件后45日内作出裁决，案情复杂需要延期的，经过劳动争议仲裁委员会主任批准，可以延期并书面通知当事人，但是延长期限不得超过15日。也就是说，劳动争议案件从仲裁委员会受理之后最长应该在60日内作出裁决。

如果在延期后仲裁委员会还是没有作出裁决的，《劳动争议调解仲裁法》第43条规定，当事人可以就该劳动争议事项向人民法院提起诉讼。但是，根据最高人民法院《关于审理劳动争议案件适用法律问题的解释

(一)》(2021 年 1 月 1 日起施行)第 12 条的规定,劳动争议仲裁机构逾期没有作出仲裁裁决,当事人直接向法院起诉的,如果仲裁案件有下列情形的,法院不予受理:

(1)移送管辖的;

(2)正在送达或送达延误的;

(3)等待另案诉讼结果、评残结论的;

(4)正在等待劳动争议仲裁机构开庭的;

(5)启动鉴定程序或者委托其他部门调查取证的;

(6)其他正当事由。

当事人以劳动争议仲裁机构逾期未作出仲裁裁决为由提起诉讼的,应当提交该仲裁机构出具的受理通知书或者其他已接受仲裁申请的凭证或证明。

从实践操作来看,由于劳动争议案件量较大,即使仲裁委员会有超期未作出裁决的,当事人直接到法院起诉也是很少能直接立案的。因此,劳动者如果遇到仲裁委员会超期的,最好还是多多督促其早日作出裁决。

▶ 9. 到法院起诉劳动纠纷多长时间能出结果

案例

张某在 2018 年过完年后就带着老乡外出打工。工程完工后,包工头拖了一个多月一直没有给他们结算工钱,张某就怕拿不到钱,领着人去找建筑公司打听情况,公司说早把工程款都给包工头结算完了。得知这个消息,张某就来到法院起诉,要求包工头和分包的建筑公司支付工资 3 万余元。由于包工头已经找不到了,只好公告送达,拖了几个月后才开庭。开庭的时候,双方各说各有理。庭审结束后就等着下判决。可是左等不来,右等还不来,张某就着急了。开完庭以后多长时间能拿到判决?

解析

法庭审理以后多长时间能出结果的准确时间确实不容易确定，但法律对案件的审理期限是有规定的。

《民事诉讼法》第149条、第161条规定，一般情况，从立案那天算起，适用普通程序的第一审案件要在6个月内审结，适用简易程序的案件要在3个月内审结。根据第176条的规定，上诉案件应当在第二审立案之日起3个月内审结。有特殊情况需要延长的，由本院院长批准。

10. 保姆与雇主发生纠纷，该去哪儿解决

案例

张某2017年从乡下来到城市打工，经人介绍，在一户人家当保姆，照顾家里的老人。雇主家对张某一直都不错，2018年，在雇主提议下，张某同当地一家家政服务公司订立了用工合同，家政服务公司再以公司职工的形式把张某委派到雇主家继续从事保姆工作，所有待遇均没有变化。但张某渐渐对工资待遇不满意，而雇主家也认为她对老人不够尽责，双方发生纠纷。张某该到哪儿解决双方的纠纷？

解析

劳动者和用人单位之间的纠纷属于劳动争议范围，但是，有一些“雇主”并不是用人单位，劳动者与其发生纠纷的不属于劳动争议范围，不能通过劳动监察、劳动仲裁解决并享受相关待遇。比如，根据原劳动和社会保障部《关于贯彻执行〈中华人民共和国劳动法〉若干问题的意见》第4条的规定，农村劳动者（乡镇企业职工和进城务工、经商的农民除外）、现役军人和家庭保姆等不适用劳动法。最高人民法院《关于审理劳动争议案件适用法律问题的解释（一）》第2条也有规定，家庭或者个人与家政服务人员之间的纠纷，个体工匠与帮工、学徒之间的纠纷，农村承包经营

户与受雇人之间的纠纷不属于劳动争议。

由于张某从2017年开始一直从事家庭保姆工作,雇主是个人和家庭,不符合《劳动合同法》第2条规定的用人单位与劳动者的条件,不属于《劳动合同法》的管辖范围,因此张某是不能求助于劳动监察及劳动仲裁部门的。张某自2018年与家政服务公司订立了用工合同,故此时张某可以该家政服务公司为用人单位,主张从2018年开始的劳动权利。如果权利不能实现,可以向当地劳动仲裁部门申请劳动仲裁解决,劳动仲裁应当受理。

第六篇
租房、买房的注意事项

▶ 1. 租房看房，应注意哪些问题

案例

小刘打工时为省钱一直住地下室，现在女朋友也要到自己所在的城市，他就想租个二居室。小刘在网上与一个出租房屋的房东联系好去看房子，房屋简单装修，比较整洁，小刘挺满意，和房东谈好了每个月2200元。房东说，这个价格在这附近算很低的，因此要求一次付一年的租金，小刘觉得房东这样要求也合理，就答应了。当他准备签合同的时候，女朋友提醒他先看房本再签合同，以防被骗。房东说房本在老婆那儿，自己怕弄丢了，就带了复印件，小刘看了看复印件，觉得没什么问题就签了协议，交了一年房租。没想到刚住了3个多月，突然又来了一个“房东”，此人说自己出租的房子已经到期，要收回，并且还拿出了身份证和房本，小刘这才发现自己被骗了。为了避免租房受骗，签订租赁协议时，应该注意哪些问题？

解析

为了在租房时充分维护自身的合法权益，防止上当受骗，在看房、签订租赁合同前，需要查看以下信息：

(1)房东应提供房产证、身份证，必要时需要有户口本等证件的原件，以防受骗。如遇“二房东”，应该要求查看二房东与原房主所签订的租赁合同，看原房东是否同意或承诺转租该房屋，转租合同的终止日期是否超过了原租赁合同规定的终止日期等。

(2)在签订房屋租赁合同时，需清楚界定双方的权利义务，以免日后产生不必要的纠纷。如根据《民法典》第三编“合同”中的第十四章“租赁合同”的内容，对于租赁期限、租金及其支付期限和方式、房屋维修等问题要事先有明确约定。

(3)办理入住前一定要与房东办清交接手续,对于水电费、燃气费、屋内家具等情况需写明,并让房东签字。

2. 如何判断房地产中介是否正规

案例

小张来到城市打工,在网上看中了一套租价为每月1500元的房子,在与对方联系后发现是房地产中介。小张就来到了中介公司,发现办公室内仅有两套拼凑起来的桌椅和两台旧电脑,办公环境非常简陋。中介公司的工作人员要求小张先交300元的信息费,并声称这是规矩。小张求房心切就交了钱,谁知中介只是给他留了几个号码,让他自己去联系。可是这些电话却始终联系不上,小张就提出退还信息费,但中介公司拒不退还,而当初所交的300元信息费也没有正规的发票,只有一张手写的收据。那么,怎么能够辨别房地产中介公司是否正规?

解析

判断房地产中介是否正规,最重要的办法就是查看该中介公司的资质。《房地产经纪管理办法》第11条规定:"房地产经纪机构及其分支机构应当自领取营业执照之日起30日内,到所在直辖市、市、县人民政府建设(房地产)主管部门备案。"第15条第1款规定:"房地产经纪机构及其分支机构应当在其经营场所醒目位置公示下列内容:(一)营业执照和备案证明文件;(二)服务项目、内容、标准;(三)业务流程;(四)收费项目、依据、标准;(五)交易资金监管方式;(六)信用档案查询方式、投诉电话及12358价格举报电话;(七)政府主管部门或者行业组织制定的房地产经纪服务合同、房屋买卖合同、房屋租赁合同示范文本;(八)法律、法规、规章规定的其他事项。"正规的中介公司除有营业执照外,还应当有主管部门的备案文件。考察中介时,可查看房地产中介公司经营场所中的明显位置是否悬挂营业执照、税务登记证、备案证明文件等证件。没有资质证书是不能从事中介服务的。

除查看合法资质外，还应根据上述规定，查看其是否在醒目位置公布法律要求公开的信息，如服务项目、收费标准和依据、投诉电话等。此外，应当选择规模比较大的中介机构，一般来说，公司的规模越大，实力也就越雄厚，规章制度也就越严格、操作也越规范，内部管理机制就更加严格、交易制度更加完备，服务规程也更加规范，并会按规定提供正式发票。

▶ 3. 可以绕开房地产中介直接与房东签约吗

案例

小赵初入职场，为了节省上下班的时间，就想在单位附近租个房子。她找了一家房地产中介公司，看了几套房子，最后选中了一套。小赵想省下中介费用，就和中介说自己回去再考虑考虑。第二天，小赵偷偷与房东联系，双方谈好租金后签了协议。后来中介公司得知小赵“跳单”了，便前来索要居间费用，小赵不肯给付。租客可以绕开中介直接与房东签约吗？

解析

房地产中介是为房东和租户双方提供居间服务的行业。如果租户和中介公司没有签订任何协议（包括口头和书面形式），也没有使用中介公司的资源，而是自己找到了房东并签订了房屋租赁合同，即使房东已经将房屋挂在房地产中介公司，租户也不存在违约行为。但如果租户和中介公司之间有关于提供居间服务的约定（包括口头上和书面上的约定），而租户最终确定租赁的房屋的确是通过该中介公司提供的信息找到的，那么中介公司已按合同履行了义务，其主张的中介费应予支持。《民法典》

第965条规定:"委托人在接受中介人的服务后,利用中介人提供的交易机会或者媒介服务,绕开中介人直接订立合同的,应当向中介人支付报酬。"

4. 租住的房子被认定为违章建筑要被拆除,租户还需要交房租吗

案例

刘某家住楼房的一层,阳台外面是绿化地带。刘某觉得这片地方空着也没用,自己清除了绿植后便搭建了一间平房,并以每月1000元的价格租给了在附近工厂打工的张某。租住了一段时间后,小区物业发现了刘某私自搭建的房屋,认为该房屋属于违章建筑要拆除。张某认为,这是违章建筑,自己有权拒付房租。张某还需要交房租吗?

解析

在我国,有些房屋是法律明确规定不允许出租的。《商品房屋租赁管理办法》第6条规定:"有下列情形之一的房屋不得出租:(一)属于违法建筑的;(二)不符合安全、防灾等工程建设强制性标准的;(三)违反规定改变房屋使用性质的;(四)法律、法规规定禁止出租的其他情形。"同时该法还规定,厨房、卫生间、阳台和地下储藏室不得出租供居住。

那么,租住了法律不允许出租的房屋该怎么办?尤其是租住了被政府认定的违法建筑该怎么办?由于房屋租赁合同违反了法律的强制性规定,将会面临合同无效的风险。根据最高人民法院《关于审理城镇房屋租赁合同纠纷案件具体应用法律若干问题的解释》(2020年修正)第3条第1款的规定,出租人就未经批准或者未按照批准内容建设的临时建筑,与承租人订立的租赁合同无效。同时,该法也规定,房屋租赁合同无效,当事人请求参照合同约定的租金标准支付房屋占有使用费的,人民法院

一般应予支持。因此，刘某可以要求张某支付房屋占有使用费。

▶ 5. 签订租房合同要注意哪些事

案例

赵某将一套商品房出租给在附近打工的李某，双方签订了房屋租赁合同，但在合同中没有明确约定有线电视费由谁来交。到了年底需要缴纳该费用时，赵某和李某都认为应该由对方来缴纳。由于合同约定不明，双方发生了争执。那么，租房合同该包括哪些内容？

解析

为了避免纠纷的发生，房屋出租方与承租方应该签订书面的房屋租赁合同，合同的约定应该全面、详尽，尽可能地维护双方当事人的合法权益。根据《商品房屋租赁管理办法》第7条的规定，房屋租赁合同应当包括以下内容："（一）房屋租赁当事人的姓名（名称）和住所；（二）房屋的坐落、面积、结构、附属设施，家具和家电等室内设施状况；（三）租金和押金数额、支付方式；（四）租赁用途和房屋使用要求；（五）房屋和室内设施的安全性能；（六）租赁期限；（七）房屋维修责任；（八）物业服务、水、电、燃气等相关费用的缴纳；（九）争议解决办法和违约责任；（十）其他约定。房屋租赁当事人应当在房屋租赁合同中约定房屋被征收或者拆迁时的处理办法。"

在上述案例中，赵某和李某如果在房屋租赁合同中就有线电视费的交纳进行约定，双方权利义务明确，就能避免发生纠纷。如果双方未约定的，可以按照一般做法来处理，即李某租住在房屋内，享受了看电视的服务，理应支付有线电视费用。

6. 合同未到期,房东能收回房屋吗

案例

周某将自己的一套房屋出租给孙某一家居住,租期为5年。孙某家里人口多,为了让客厅宽敞点,就把一面墙体拆除。周某发现后,不满孙某未经允许就改变了房屋的构造,因此向孙某告知要解除合同,收回房屋,而孙某迟迟不予腾退。出租人在什么情形下可以提前解除合同收回房屋?

解析

《民法典》第711条、第716条、第722条规定,如果承租人出现以下情形,出租人有权收回房屋:

(1)承租人未按照约定的方法或者租赁物的性质使用租赁物,致使租赁物受到损失的,出租人可以解除合同并要求赔偿损失。

(2)承租人未经出租人同意转租的,出租人可以解除租赁合同,收回房屋并要求承租人赔偿损失。

(3)承租人无正当理由未支付或者迟延支付租金的,出租人可以要求承租人在合理期限内支付。承租人逾期不支付的,出租人可以解除合同。

孙某没有按照双方约定的方法使用租赁的房屋,而且未经房东允许就擅自改变房屋结构,因此孙某已经违反了租赁合同的约定,周某有权将房屋收回,并可以向孙某主张损害赔偿。

7. 在什么情况下租户可以要求退租

案例

范某将一套新房出租给王某一家使用,租期为两年。王某入住后不

久，发现家人经常感到身体不适，便委托了有关机构来检测室内空气中的化学气体释放量是否超标，结果显示甲醛严重超标，不符合居住条件，在这样的房屋内长期居住会给人的身体健康带来一定的危害。王某就以租赁房屋的目的不能实现为由，向范某提出了解除合同。王某可以退租吗？

解析

《民法典》第 724 条、第 729 条、第 731 条规定，在房屋租赁期间，如果存在以下情况，承租人可以退租：

(1)租赁物被司法机关或者行政机关依法查封、扣压，致使租赁物无法使用的；

(2)租赁物权属有争议，致使租赁物无法使用的；

(3)租赁物具有违反法律、行政法规关于使用条件的强制性规定情形，致使租赁物无法使用的；

(4)因租赁物部分或者全部毁损、灭失，致使不能实现合同目的的，承租人可以解除合同；

(5)租赁物危及承租人的安全或者健康的，即使承租人订立合同时明知该租赁物质量不合格，承租人仍然可以随时解除合同。

王某虽然在租赁房屋时并没有意识到房屋环境不适合居住，但这属于租赁物危及承租人的健康的情形，王某有权随时解除合同。

8. 租来的房子可以再转租给别人吗

案例

黄某来到城市打工，承租了钱某的住房，双方签订了房屋租赁合同，租期为 5 年，但对转租问题没有约定。由于黄某的工作一直不顺利，他就想换个地方工作。在钱某不知情的情况下，黄某与梁某签订了一份房屋租赁合同，将其承租的房屋转租给梁某使用，并约定租期为 3 年，合同到期后不再续租。后来,钱某发现了黄某的转租行为,认为黄某未经自己同意就擅自转租,因此要求解除租赁合同,并要求赔偿损失。租来的房子可以转租吗?

解析

房东钱某有权解除租赁合同。

对于租来的房子是否可以转租,《民法典》第716条、第717条、第718条、第719条对此有明确的规定:

(1)承租人经出租人同意,可以将租赁物转租给第三人。承租人转租的,承租人与出租人之间的租赁合同继续有效;第三人造成租赁物损失的,承租人应当赔偿损失。

(2)承租人未经出租人同意转租的,出租人可以解除合同。

(3)承租人经出租人同意将租赁物转租给第三人,转租期限超过承租人剩余租赁期限的,超过部分的约定对出租人不具有法律约束力,但是出租人与承租人另有约定的除外。

(4)出租人知道或者应当知道承租人转租,但是在6个月内未提出异议的,视为出租人同意转租。

(5)承租人拖欠租金的,次承租人可以代承租人支付其欠付的租金和违约金,但是转租合同对出租人不具有法律约束力的除外。次承租人代为支付的租金和违约金,可以充抵次承租人应当向承租人支付的租金;超出其应付的租金数额的,可以向承租人追偿。

黄某因工作不顺利想换个地方工作,本应当通知房东钱某,解除租赁合同,然后再另寻其他房屋。但黄某不想因为提前解除合同而支付违约金,就在钱某不知情的情况下将房屋转租给梁某。钱某在得知房屋被转租后,立即要求解除租赁合同并要求赔偿损失,这表明钱某不同意转租。在这种情况下,钱某当然有权解除租赁合同,如果造成损失的,还可以主张赔偿。

▶ 9. 购买新房要注意什么

案例

陈某在某市打工多年，为了把妻儿父母接到身边，他用积攒的积蓄购买了一套二居室的期房，付了40万元的首付款，打算向银行按揭贷款20万元。开发商在销售时声称该小区虽然只有两证，但是会在两三年内解决其他证件的问题。可时隔两年，按揭手续还是无法办理。后来，开发商通知，由于相关政策的影响，银行按揭贷款暂不能办理，希望业主变更付款方式。陈某现有的积蓄都已经交了首付款，根本不可能一次性付清全款，而且，他觉得今后办理房产证风险很大，但此时要退了房子另选房源，已经找不到这个价位的了，陈某非常苦恼。那么，在购买新房时需要注意些什么？

解析

购买新房，先要审查开发商的资质以及开发手续是否合法、齐全。

开发商的资质主要是查看开发商的营业执照。对开发程序的合法性审查，主要查看“五证两书一表”。

“五证”，是指《建设用地规划许可证》《建设工程规划许可证》《建筑工程施工许可证》《国有土地使用证》《商品房销售（预售）许可证》。“五证”中最重要的是《国有土地使用证》和《商品房销售（预售）许可证》，两者直接决定所购房屋是否合法。购房者要注意这“五证”的用地范围、建设单位及销售单位是否与实际的售楼单位一致，还要仔细查验销售（预售）许可证的范围，看清自己所购买楼层是否在预售范围内。

“两书”，是指《商品房质量保证书》和《商品房使用说明书》。根据《商品房销售管理办法》第32条的规定，销售商品住宅时，房地产开发企业应当根据《商品住宅实行质量保证书和住宅使用说明书制度的规定》，向买受人提供《住宅质量保证书》《住宅使用说明书》。

“一表”,是指《竣工验收备案表》,备案表上的每一项内容都必须报主管部门备案。查验这些证件,主要是为了了解该项目的合法性,以防出现购买风险。

在上述案例中,根据最高人民法院《关于审理商品房买卖合同纠纷案件适用法律若干问题的解释》(2020年12月修正)第2条中的规定,出卖人未取得商品房预售许可证明,与买受人订立的商品房预售合同,应当认定无效。陈先生可以合同无效为由,要求开发商退还已付的款项以及这段时间内房款产生的利息。如果陈先生与开发商签订的合同中有相关违约责任的,也可以直接要求其承担违约责任。

10. 购买二手房要注意什么

案例

张某经某房地产中介公司介绍看中了一套二手房。在双方签约时,房主并未到场,仅有房屋居住人赵某持房产证复印件和房主的授权委托书出现。房地产中介公司为促成交易,对张某说没有问题,于是张某便签订了买卖合同,并支付了定金10万元。后张某联系赵某时,对方不是不接听电话就是已关机。经查,赵某原系房屋承租人,其伪造了授权委托书骗取了该定金。那么,在购买二手房时需要注意什么?

解析

购买二手房,最重要的就是审查房屋产权的完整性、合法性。

第一,购房者要查看房产证所有人的身份证件,确定卖房人是不是真的有权利卖房。虽然根据《民法典》第597条的规定,因卖房人未取得处分权致使房屋所有权不能转移的,买房人可以解除合同并请求卖房人承担违约责任,但是房屋买卖涉及的金额巨大,能避免的风险一定要事先避免,不要在事后才追究卖房人的违约责任。在房屋产权问题上,可能有3种情况:一是售房者与房屋产权证上记载的产权所有人不是同一人,则买房人应当了解售房者与房产所有人之间的关系,要求售房者提供证明文件,并亲自向房产所有人核实。二是房屋为多人共有,如房屋为父母子女共有,则须卖房人提供所有共有人的身份证件及同意出卖房屋的书面文件。在办理房产过户手续时,全部共有人应当都到场。如有特殊情况不能到场,需出具经过公证的委托书及代理人身份证件,由代理人替其签章。三是房屋产权证上写的是一人单独所有,但实际上是夫妻共同所有,特别是夫妻正在闹离婚,一方私下卖房的情形,买房人应当特别注意,应要求卖房人提供配偶同意卖房的证明。

第二,要求卖房人提供合法的产权证书正本,并到房管部门查询该产权证的真实性以及该房产的产权来源和产权记录。确认产权证所标注的面积与实际面积是否相符,还需要确认卖方产权的完整性,了解所购房屋有没有抵押、有无债务负担、有无产权纠纷、是否被法院查封以及共有产权人等。

第三,要查清所购房屋是否属于允许出售的范围,如根据《经济适用住房管理办法》第30条的规定,购买经济适用住房不满5年,不得直接上市交易。

第四,要明确房款的交付方式和交房时间、过户时间。为避免纠纷,一定要在合同中明确总房款金额、付款方式、付款时间、付款条件、贷款方式等相关内容。对于交房时间和过户时间也要在合同中加以明确。此外,双方还要在办理相关手续的过程中,对中介公司、律师、评估机构等服务的各种税费及其他费用如何分摊作好约定。

第五,明确违约责任。为了使合同顺利履行,需要对违约的情形加以明确,比如,如何承担违约责任,违约金、定金、赔偿的计算与给付,在什么情况下可以免责,担保的形式等,作为对买卖双方的约束。

第六,一定要合法地办理过户手续。二手房必须经过房屋土地管理部门办理完过户手续,才能真正成为自己的财产。

在上述案例中,由于赵某只是租客而非房东,其持有假证件和假授权委托书签订房屋买卖合同,已经涉嫌合同诈骗罪,会受到刑事制裁。而买房人张某损失的定金,可以先向赵某主张,如果赵某迟迟未能被抓获,或者抓获后已经将财物挥霍一空、无法退赔,那张某还可以向房地产中介公司主张赔偿。

▶ 11. “定金”和“订金”有什么区别

案例

王某将自己的一套房屋挂牌出售,张某原本租住在这里,听说房子要卖后就赶紧取出 1 万元交给王某作为“订金”。一周以后,张某发现该房屋已经出售给第三人,他认为其已经交纳了“订金”,房主违约,因此要求王某返还其“订金”1 万元,并且以王某违约为由要求其再赔偿 1 万元。但王某只同意退还给张某交付的“订金”1 万元,双方为此发生争执。那么该“订金”究竟属于什么性质?

解析

“定金”是在合同订立或履行之前支付一定数额的金钱作为担保的担保方式。根据《民法典》第 587 条的规定,在定金交付后,如果接受定金的一方不履行协议,要双倍返还定金。如果交付定金的一方不履行协议,定金不予返还。而“订金”只是预付款,在解除合同时,应该返还。如果交付订金的一方出现违约情形给对方造成了损失,那么收取订金的一方可以按照损害程度等因素扣除订金中的相应数额。

因此,在看房后交付的“订金”性质究竟如何,先要看合同的文字表述,以区别“定金”和“订金”,但在实践环节中经常出现混用的情形,所以在确定其性质时,不仅要注意其字面表述,还要结合合同的其他条款,从整体上把握其性质。如有的合同中写明的是“订金”,但又明确约定“买方违约订金不予退还,卖方违约双倍返还订金”,那么这笔款项的真正性质仍应该认定为“定金”。

在该案中,张某与王某签订的购房合同中,只写了“购房订金1万元,剩余购房款38万元,在办理产权证完成之日交付”,并未提及“卖方违约双倍返还订金”的内容。因此,张某交付的订金只能视为预付款,他有权要求王某返还,但无权要求其返还双倍定金。

12. 冒用他人资格购买经济适用房有什么风险

案例

宋某在城市里打工多年,由于家里上有老下有小,花费多,积攒下来的钱很有限。宋某一直梦想在打工的城市有一套自己的房子,但凭自己的收入很难买得起。因此,当他听说低收入群体可以申购经济适用房、价格比商品房便宜很多的时候,就动起了歪脑筋,想冒用他人的名义购买。宋某的行为会受到什么处罚?

解析

经济适用房,是指政府提供政策优惠,限定套型面积和销售价格,按照合理标准建设,面向城市低收入住房困难家庭供应,具有保障性质的政策性住房。

购买经济适用房需要符合一定的条件,根据《经济适用住房管理办法》第25条的规定,城市低收入家庭申请购买经济适用住房应同时符合下列条件:(1)具有当地城镇户口;(2)家庭收入符合市、县人民政府划定的低收入家庭收入标准;(3)无房或现住房面积低于市、县人民政府规定的住房困难标准。由于经济适用房的价格要远低于商品房,有些人就冒用他人资格购买,这是违反政策法律规定的,严重的有可能构成刑事犯罪。比如,《北京市经济适用住房管理办法(试行)》第 25 条规定,对弄虚作假,隐瞒家庭收入、住房和资产状况及伪造相关证明的申请人,由区县住房保障管理部门取消其申请资格,5 年内不得再次申请;构成犯罪的,移交司法机关依法追究刑事责任。已骗购经济适用住房的,擅自改变房屋用途的,擅自转租或转借他人居住的,由区县住房保障管理部门责令购房人退回已购住房或按同地段商品住房价格补足购房款;构成犯罪的,移交司法机关依法追究刑事责任。

13. 什么是小产权房,购买农村的小产权房有什么风险

案例

赵某在城市里从事室内装修的工作,多年辛苦攒下的钱勉强够在租住地附近买一套小房子。张某看房的时候,对方说这是村里开发的房产,价格比商品房便宜一半多,除拿不到正式的产权证外,其他都和商品房是一样的。张某不太明白,就找熟人老金打听。老金说,这是村里自己盖的小产权房,法律上是不认可的,买了会有风险。那么,买小产权房购房人会有什么风险?

解析

小产权房,是指在农民集体土地上建设的房屋,未缴纳土地出让金等费用,其产权证不是由国家房管部门颁发,而是由乡政府或村委会颁发,所以叫“乡产权房”或“小产权房”。小产权房的概念是人们在社会实践中形成的一种约定俗成的称谓,在法律上是不被认可的,也得不到法律的保护。2007 年 6 月原建设部发布《关于购买新建商品房的风险提示》,针对当前在集体土地上建设房屋违法销售的行为,第 4 部分特别提示“城市居民不要购买在集体土地上建设的房屋”。该提示明确指出,目前的法律法规不允许在集体土地上进行房地产开发;不允许集体土地上建设的

房屋向本集体经济组织以外成员销售。2007 年 12 月,国务院办公厅制发《关于严格执行有关农村集体建设用地法律和政策的通知》(国办发〔2007〕71 号),其中第 2 部分明确要求城镇居民不得到农村购买宅基地、农民住宅或“小产权房”。2009 年 8 月,原国土资源部下发了《关于严格建设用地管理促进批而未用土地利用的通知》(国土资发〔2019〕106 号),第 4 部分要求严肃查处违反土地管理法律法规新建“小产权房”项目用地。2020 年自然资源部发布的《关于加快宅基地和集体建设用地使用权确权登记工作的通知》(自然资发〔2020〕84 号)中第 3 部分也明确要求,“城镇居民非法购买宅基地、小产权房等,不得办理登记,不得通过登记将违法用地合法化”。

根据上述法律政策的规定,我们可以得知“小产权房”是违法的,如果购买将会面临很大风险。首先是质量风险。建设小产权房的项目一般没有经过相关行政部门的审批许可,开发建设缺乏监管和正规验收部门的验收,房屋质量和房屋售后的保修难以保证,救济途径也很艰难。其次是产权风险。根据法律和政策的规定,对于小产权房是不能办理产权证的。现行小产权房颁发的产权证一般是由村委会或者是乡镇出具的房产证明,这是没有法律效力的。而且在购买以后,也不能合法地转让过户。最后是法律政策风险。由于小产权房一般没有经过规划部门的正式批准,如果购房者与开发商签订合同并交付房款后,遇上相关部门整顿小产权房,有可能导致一些项目停建甚至被强拆。那么,购房者只能向村委会索要购房款,但是村委会可能已将大部分购房款用于盖房或用于其他方面,购房者可能会遇到房、钱都拿不到的两难境地。另外,当小产权房所占的土地被国家征收时,由于买受人不能取得宅基地使用权,这样购买者所得到的补偿也将会微乎其微。

第七篇
恋爱、婚姻关乎感情和法律

1. 恋爱没谈成,送给对方的钱款及礼物,可以要求返还吗

案例

苏某在外打工多年,一直没有成家。苏某的父母为此非常着急,托人给他介绍了一个对象张某。春节返家后,苏某约张某见面,几次相见后两人谈起了恋爱。其间,苏某为她买了两套首饰和一部价值8000多元的手机,此外,苏某还时不时地给张某买各种礼物。过了一年后,张某认为双方性格不合,提出了分手。苏某就要求张某归还手机以及在恋爱期间为她所支付的所有费用共计25,000元。恋爱期间送给对方的钱款及礼物,可以要求返还吗?

解析

一般而言,婚恋关系中当事人无偿给付的小额物品如日常性、即时性消费的物品,属于一般性赠与,可以不予返还。但以结婚为目的而给付的非日常性必需消费品且价值较高的物品,应认定为彩礼,按照彩礼的相关法律规定处理。苏某给张某购买的首饰和手机,均以结婚为目的,而且这些物品属于价值较高的财物,应当认定为彩礼。根据2021年1月1日起实施的最高人民法院《关于适用〈中华人民共和国民法典〉婚姻家庭编的解释(一)》(法释〔2020〕22号)第5条的规定:"当事人请求返还按照习俗给付的彩礼的,如果查明属于以下情形,人民法院应当予以支持:(一)双方未办理结婚登记手续;(二)双方办理结婚登记手续但确未共同生活;(三)婚前给付并导致给付人生活困难。"张某应负有返还首饰和手机或者返还折价款的义务,但对于价值较小的物品,可不予返还。

因此,对于恋爱期间的花销,要分情况处理。苏某可以先与张某商量首饰和手机返还的事宜,如果对方拒绝返还,可以到法院起诉。

2. 恋爱分手后，对方仍不断骚扰，怎么办

案例

小兰在打工期间认识了张某，张某对小兰一见钟情，在他的猛烈"攻势"下，小兰同意做他的女友。相处以后，小兰发现张某性格强势、控制欲强，自己无法忍受，因此提出分手。然而，令小兰苦恼的是，张某不断阻止她相亲，并找到她的相亲对象透露其隐私，致使其相亲不成。张某还多次骚扰威胁，即使小兰换了手机号码、微信账号等，也依然收到张某的威胁恐吓，张某还扬言要到小兰的公司继续骚扰。如果遇到这种情形该怎么办？

解析

对于这种情况，建议收集、固定证据，及时报警。如果对方的行为对当事人的名誉、社会评价造成严重损害，则根据《民法典》第 1024 条第 1 款的规定，"民事主体享有名誉权。任何组织或者个人不得以侮辱、诽谤等方式侵害他人的名誉权"；以及第 997 条的规定，"民事主体有证据证明行为人正在实施或者即将实施侵害其人格权的违法行为，不及时制止将使其合法权益受到难以弥补的损害的，有权依法向人民法院申请采取责令行为人停止有关行为的措施"。小兰可以向人民法院提出行为禁令申请，要求张某停止侵害、恢复名誉、消除影响、赔礼道歉。

3. 两人是远房亲戚，能谈恋爱结婚吗

案例

小马过去一直在外打工，由于疫情影响不好找工作，他就回到了家乡。回家后，父母一直张罗着让他相亲，小马说自己已经有喜欢的女孩了，是自己表弟(姑姑的儿子)的表姐小敏。没想到，父母觉得双方之间

有亲戚关系，谈婚论嫁不合适。小马觉得，小敏实际上与自己根本没什么血缘关系，而且论起辈分来也是同辈，怎么就不能谈恋爱结婚？

解析

小马是可以与小敏谈恋爱结婚的。

根据《民法典》第 1042 条第 1 款的规定，婚恋自由是受到法律保护的。当然，为了保护下一代的健康和人伦道德，法律也规定了不能结婚的情形，即第 1048 条“直系血亲或者三代以内的旁系血亲禁止结婚”之规定。

直系血亲，是指和自己有直接血缘关系的人，即生育自己和自己所生育的上下各代亲属，如父母、祖父母、外祖父母、子女、孙子女、外孙子女等。三代以内旁系血亲，是指在血缘上和自己同出于三代以内的亲属，这里的三代是从自己开始计算为一代的三代，比如，叔伯家的堂兄弟姊妹和自己同源于祖父母，自己是第一代，父亲和伯叔是第二代，祖父母是第三代，而这些亲属都源于第三代，所以自己与堂兄弟姊妹就是三代以内旁系血亲，是不能登记结婚的。小马与姑姑的儿子属于三代以内的旁系血亲，但与小敏就不存在这种关系，可以恋爱结婚。

因此，小马与小敏只要不存在直系血亲或者三代以内旁系血亲的情形，双方属于自由恋爱并且男年满 22 周岁、女年满 20 周岁，就可以依法登记领取结婚证。

▶ 4. 处分夫妻共同财产，应注意哪些问题

案例

小敏和小林是一对在城市里打工的夫妻，两人拿出多年积蓄买了一套房子。由于小林的弟弟做生意急需用钱周转，小林便去找了他的同事小刚，愿意以购房时 90% 的价格卖掉房子，小刚同意，一个星期后交了房

款。小敏得知此事后,认为价格太低,不同意卖房,便以交易行为没有经过自己的同意为由向法院提起了诉讼,要求判决买卖无效。小林与小刚之间的买卖有效吗?

解析

《民法典》第1062条第1款规定:“夫妻在婚姻关系存续期间所得的下列财产,为夫妻的共同财产,归夫妻共同所有:(一)工资、奖金、劳务报酬;(二)生产、经营、投资的收益;(三)知识产权的收益;(四)继承或者受赠的财产,但是本法第一千零六十三条第三项规定的除外;(五)其他应当归共同所有的财产。”婚姻关系存续期间,是指自合法婚姻缔结之日起,至夫妻一方死亡或离婚生效之日止。在此期间的上述财产均属于夫妻共同财产。房子是小林和小敏在结婚以后共同购买的,因此属于夫妻共同财产。

夫或妻对夫妻共同财产,有平等的处理权。平等处理权,并不意味着处分夫妻共同财产必须要夫妻的一致同意才行。根据《民法典》第1060条、第1064条的规定,如果是日常生活所需而处理夫妻共同财产的,如购买食物、衣服等,任何一方均有权决定;如果是非因日常生活需要对夫妻共同财产作重要处理决定的(如卖房),原则上应当由夫妻共同决定。但是,为了保护第三人(如买房人)的合法权益,即使是夫或妻一方作出的卖房决定,但买房人能够证明卖房是用于夫妻共同生活、共同生产经营或者基于夫妻双方共同意思表示的,另一方也不得以不同意或不知情为由取消房屋买卖合同。

对一方卖房的法律效力问题,最高人民法院《关于适用〈中华人民共和国民法典〉婚姻家庭编的解释(一)》第28条有更具体明确的规定,即“一方未经另一方同意出售夫妻共同所有的房屋,第三人善意购买、支付合理对价并已办理不动产登记,另一方主张追回该房屋的,人民法院不予支持。夫妻一方擅自处分共同所有的房屋造成另一方损失,离婚时另一方请求赔偿损失的,人民法院应予支持”。

小刚支付的房款虽然只是原房价的90%,但从房屋买卖的市场行情来看,仍属于支付了合理对价,如果他已经办完了房产过户手续,小敏就不可能再撤销房屋买卖合同。

如果小刚有理由相信这是小林夫妇共同的意思表示,比如,他和小林在谈论买卖该房屋时小敏在场或者知道此事,那么小林与小刚之间的买卖行为就是有效的,小敏不得以她不同意为由而认定该合同无效。

5. 夫妻约定婚后财产AA制,这样的约定有效吗

案例

小丽和小飞是一对在城市里打工的小夫妻,两人在结婚前签订了一份“财产AA制协议”,约定双方婚后财产归各自所有,各自的债务由个人偿还,互不干涉。婚后不久,小丽觉得打工太辛苦还不赚钱,就辞了工作自己开饰品店创业,因为开店需要就以个人名义向好友黄某借款5万元,约定一年以后还清。后因经营不善,小丽无法按期归还借款,黄某无奈将小丽和小飞一起诉至法院要求夫妻二人偿还5万元借款。庭审中,小飞出具了他与小丽签订的婚后财产AA制的协议,认为这笔借款是小丽自己的个人债务,自己没有偿还的义务。对于小飞的答辩意见,小丽表示认可,承认这是自己一个人的债务,应该由自己个人承担。但是,小丽表示,自己在借款时并没有向黄某说明自己和小飞夫妻之间实行财产AA制的情形。那么,小丽和小飞约定财产AA制有效吗?该约定对黄某有效吗?

解析

法律允许夫妻双方就财产的归属进行约定,《民法典》第1065条第1款、第2款规定:“男女双方可以约定婚姻关系存续期间所得的财产以及

婚前财产归各自所有、共同所有或者部分各自所有、部分共同所有。约定应当采用书面形式……夫妻对婚姻关系存续期间所得的财产以及婚前财产的约定,对双方具有法律约束力。”因此,小丽和小飞约定婚后财产AA制,并不违反法律规定,是有效的。但是,夫妻之间的财产约定能否对第三人有效是有条件的。《民法典》第1065条第3款规定:“夫妻对婚姻关系存续期间所得的财产约定归各自所有,夫或妻一方对外所负的债务,相对人知道该约定的,以夫或妻一方的个人财产清偿。”根据该规定,只有在相对人知道夫妻财产约定的情况下,该约定才能产生对外的法律效力,由夫或妻一方清偿;否则,另一方负有连带清偿责任。在该案中,由于小丽明确表示黄某并不知晓她与小飞之间的财产约定,因此小丽与小飞应当共同清偿所欠债务。

6. 家庭暴力会构成犯罪吗

案例

小菲已年满5岁,和外出打工的父母租住在城中村。由于孩子小、贪玩,父亲张某经常打骂她,租住在这里的流动人口很多,但他们对于张某打孩子并不在意,因为很多家长对自家孩子也经常打骂。2015年3月,因为张某最近上班时遇到诸多事情不顺利,便把气都撒到了孩子身上。小菲被打得浑身青紫,刚开始还能呼喊求救,后来就没声音了,当张某意识到不对的时候,小菲嘴角流着血,呼吸急促,已经陷入昏迷状态。被送到医院时,小菲已经没有了生命体征,医生当即就报了警。张某对孩子实施家庭暴力导致孩子死亡,会构成刑事犯罪吗?

解析

张某的行为已经构成了刑事犯罪。实施家庭暴力的加害者根据其主观意愿和造成后果,可能会涉嫌虐待罪、故意伤害罪甚至故意杀人罪。

虐待罪,是指对共同生活的家庭成员,经常以打骂、捆绑、冻饿、限制自由、凌辱人格、不给治病或者强迫做过度劳动等方法,从肉体上和精神上进行摧残迫害,情节恶劣的行为。根据《刑法》第 260 条的规定,虐待家庭成员,情节恶劣的,处 2 年以下有期徒刑、拘役或者管制。致被害人重伤、死亡的,处 2 年以上 7 年以下有期徒刑。2015 年通过的《刑法修正案(九)》第 19 条还增加规定,"对未成年人、老年人、患病的人、残疾人等负有监护、看护职责的人虐待被监护、看护的人,情节恶劣的,处三年以下有期徒刑或者拘役"。"有第一款行为,同时构成其他犯罪的,依照处罚较重的规定定罪处罚"。

因家庭暴力而受到伤害的,过去往往只是以虐待罪来定罪处罚,哪怕出现了受害人重伤或者死亡的严重后果,也很少以故意伤害罪定罪,更别说以故意杀人罪来定罪处罚了,这些对遏制家庭暴力极为不利。因此,2015 年,最高人民法院、最高人民检察院、公安部、司法部联合发布的《关于依法处理家庭暴力犯罪案件的意见》第 17 条明确提出,实施家庭暴力主观上具有希望或者放任被害人重伤或者死亡的,故意持凶器施暴、手段残忍、程度较强、直接或立即造成被害人重伤或者死亡的,应当以故意伤害罪或者故意杀人罪定罪处罚。对于希望或者放任被害人死亡,不履行必要的扶养义务,致使被害人因缺乏生活照料而死亡,或者将生活不能自理的被害人带至荒山野岭等人迹罕至的场所扔弃,使被害人难以得到他人救助的,应当以故意杀人罪定罪处罚。

张某对小菲的家庭暴力行为虽然有经常性、持续性、反复性等虐待罪的特点,但其最后一次施暴时明显有放任小菲重伤甚至死亡的故意,因此涉嫌构成故意伤害罪或者故意杀人罪。

7. 遭受家庭暴力的一方,可以向哪里求助

案例

张某与丈夫结婚后,两人一起来到城市打工。在多年的婚姻生活中,丈夫经常对她恶语相向,甚至拳脚相加,大打出手。起初,为了能让孩子有个完整的家庭,张某一直默默忍受,但是,她的忍让和退缩换来的却是丈夫一次比一次更残酷的暴力。当张某鼓起勇气提出离婚时,丈夫却威胁说绝不会放过她。张某可以向哪里求助呢?

解析

第一,家暴受害者可以向相关单位求助。《反家庭暴力法》第 13 条第 1 款规定:"家庭暴力受害人及其法定代理人、近亲属可以向加害人或者受害人所在单位、居民委员会、村民委员会、妇女联合会等单位投诉、反映或者求助。有关单位接到家庭暴力投诉、反映或者求助后,应当给予帮助、处理。"

第二,家暴受害者可以向公安机关求助。根据《反家庭暴力法》第 15 条、第 16 条、第 33 条的规定,公安机关在接到家庭暴力的报案后,应当及时出警,按照有关规定调查取证,协助受害人就医,进行伤情鉴定。家庭暴力构成违反治安管理行为的,依法给予治安管理处罚;构成犯罪的,依法追究刑事责任。家庭暴力情节较轻,依法不给予治安管理处罚的,由公安机关对加害人给予批评教育或者出具告诫书。告诫书对于确认家庭暴力行为有证据效力。如果是无民事行为能力人、限制民事行为能力人因为家庭暴力身体受到严重伤害、面临人身安全威胁或者处于无人照料等危险状态的,公安机关应当通知并协助民政部门将其安置到临时庇护场所、救助管理机构或者福利机构。

第三,家暴受害者可以向人民法院申请人身安全保护令。根据《反

家庭暴力法》第四章“人身安全保护令”的规定，人身安全保护令向申请人或者被申请人居住地、家庭暴力发生地的基层人民法院提出。如果是无民事行为能力人或者限制民事行为能力人受到家庭暴力的，或者受害者因受到强制、威吓等原因无法申请人身安全保护令的，其近亲属、公安机关、妇联、居委会、村委会、救助管理机构都可以代为申请。人身安全保护令包括的措施有：禁止加害人实施家庭暴力，禁止加害人骚扰、跟踪、接触受害人及其相关近亲属，责令加害人迁出受害人的住所，以及保护受害人人身安全的其他措施。

第四，家暴受害者可以申请法律援助和司法救助。《反家庭暴力法》第 19 条规定，法律援助机构应当依法为家庭暴力受害人提供法律援助。人民法院应当依法对家庭暴力受害人缓收、减收或者免收诉讼费用。

▶ 8. 离婚必须要回原籍办理吗

案例

陈某和妻子经相亲认识，相处两个月后就在家乡登了记，办了酒席。结婚之后，两个人共同来到城市打工。由于陈某换了几份工作都不满意，他就决定到亲戚所在的南方城市打工。原本感情基础就不深厚，聚少离多的生活使陈某和妻子更觉得婚姻生活没什么意思，两人因此决定离婚，也达成了离婚协议。但是当两人来到陈某所在地的民政局要求离婚时，却被告知由于双方户口还在老家，结婚登记也在老家，应当回到老家办理离婚登记。陈某和妻子需要回老家去办理离婚登记吗？

解析

离婚有两种方式：协议离婚和诉讼离婚。协议离婚，双方对于财产的分割和子女的抚养无异议，根据《婚姻登记条例》第 10 条第 1 款的规定，双方应当共同到一方当事人常住户口所在地的婚姻登记机关办理离婚登记。如果陈某和妻子决定协议离婚,由于两人是同乡,因此要办理离婚登记,就必须要回到常住户口地,也就是家乡的婚姻登记机关去办理。

如果是诉讼离婚,根据《民事诉讼法》第21条第1款和最高人民法院《关于适用〈中华人民共和国民事诉讼法〉的解释》(2020年12月修正)第12条第2款的规定,夫妻双方离开住所地超过一年,一方起诉离婚的案件,由被告经常居住地人民法院管辖;如果没有经常居住地的,由原告起诉时被告居住地人民法院管辖。所以,如果满足在居住地居住满一年的条件,就可以通过向当地法院起诉的方式达到离婚的目的,不用再回原籍办理。

▶ 9. 离婚还需要冷静期吗

案例

张某与妻子李某结婚多年,因为张某常年在外地打工,再加上李某与婆婆不合,双方考虑后决定离婚。达成离婚协议后,双方到当地民政局办理离婚手续。没想到,民政局工作人员说,提出离婚申请后,他们还需要再等待30天的冷静期,待冷静期满之后才能申请发给离婚证。离婚为什么还需要30天的冷静期?如果婚姻中一方对另一方有家庭暴力,冷静期岂不是包庇了家暴者?

解析

离婚冷静期,是指协议离婚的夫妻双方,从向婚姻登记机关申请离婚开始,由登记机关备案30日后,再由双方当事人决定是否坚持离婚或者撤销离婚申请的制度。离婚冷静期仅限于协议离婚的情形。《民法典》第1076条第1款规定:"夫妻双方自愿离婚的,应当签订书面离婚协议,并亲自到婚姻登记机关申请离婚登记。"第1077条规定:"自婚姻登记机关收到离婚登记申请之日起三十日内,任何一方不愿意离婚的,可以向婚姻登记机关撤回离婚登记申请。前款规定期限届满后三十日内，双方应当亲自到婚姻登记机关申请发给离婚证；未申请的，视为撤回离婚登记申请。”

婚姻并非儿戏。虽然法律规定结婚、离婚自由，但是任何自由都是有限制的，滥用了自由就可能伤害他人。夫妻之间多一点耐心、多一点包容，家庭会更和谐，社会也才能更稳定。离婚冷静期的设置，首先能够减少因冲动而导致的草率离婚，能够使夫妻双方冷静下来，理性地考虑相互之间的关系、对家庭的责任，特别是对子女的责任问题。另外，设置离婚冷静期制度，可以节约司法资源和行政资源。现实生活中，夫妻因为日常琐事产生矛盾，当处于冲动期的时候，执意要求离婚，但经过一段时间的冷静，可能又反悔而复婚。无论是协议离婚还是诉讼离婚，都浪费了大量的人力、物力。因此，设置离婚冷静期制度，对于家庭和谐、社会稳定，都能起到积极作用。

有些人认为，离婚冷静期的设置可能会导致家暴、婚内出轨等弱势一方不能尽快摆脱恶的婚姻，有损其人身安全和人格尊严。这种想法其实是对法律的误解。离婚冷静期仅适用于协议离婚，也就是夫妻双方都同意离婚的情形。对于一方因对方实施家庭暴力而要求离婚的，几乎没有施暴者主动同意离婚的情形，所以在这种情况下大多都是通过诉讼离婚，经法院判决准予离婚。诉讼离婚是不适用离婚冷静期规定的。

▶ 10. 一方“躲猫猫”，另一方该怎么起诉离婚

案例

小赵和小兰经介绍认识后领取了结婚证，由于小赵长期在外打工，双方之间原本就不深厚的感情日渐淡漠。小兰去城里找小赵，可是并不知道小赵打工的具体地点，给他打电话也不接，就这样“失联”了两年。小兰想离婚，但她经过咨询得知需要双方亲自到场才能办理离婚手续，小兰能起

诉离婚吗?

解析

《民法典》第40条规定:“自然人下落不明满二年的,利害关系人可以向人民法院申请宣告该自然人为失踪人。”小赵离家之后音信全无已满两年,小兰如果想离婚,就可以按照宣告失踪程序向法院申请宣告小赵失踪,然后再提起离婚诉讼。《民法典》第1079条第4款规定,一方被宣告失踪,另一方提出离婚诉讼的,应准予离婚。

此外,小兰还可以直接起诉,由法院以公告的方式送达,然后再缺席审理。而且,如果小赵失踪满4年的,根据《民法典》第46条的规定,小兰可以向人民法院申请宣告其死亡,两个人的婚姻关系就自然消灭了。

11. 结婚后发现另一方患有精神疾病,可以起诉离婚吗

案例

小陈常年在外打工,春节期间经村里人介绍认识了小梅,两人认识不到两个月就办理了结婚登记。婚后,小陈发现小梅经常因为小事发脾气、扔东西,后来还说有人跟踪她、暗害她。小陈觉得不对劲,强行将小梅送到医院检查,发现妻子患有精神分裂症。医院的治疗病案记录中显示,小梅曾在一年前在该院的精神科住院治疗过两个月,被诊断为偏执型精神分裂症。发现这一情况后,小陈就起诉到法院要求离婚。小陈可以起诉离婚吗?

解析

小陈不需要起诉离婚,他可以直接申请撤销婚姻。

《民法典》第1053条规定:“一方患有重大疾病的,应当在结婚登记前如实告知另一方;不如实告知的,另一方可以向人民法院请求撤销婚

姻。请求撤销婚姻的，应当自知道或者应当知道撤销事由之日起一年内提出。”这里提到的“重大疾病”，是指严重遗传性疾病、指定传染病、有关精神病。精神分裂症就属于《母婴保健法》中规定的在医学上认为影响结婚和生育的重大疾病。

《民法典》第1054条规定：“无效的或者被撤销的婚姻自始没有法律约束力，当事人不具有夫妻的权利和义务。同居期间所得的财产，由当事人协议处理；协议不成的，由人民法院根据照顾无过错方的原则判决。对重婚导致的无效婚姻的财产处理，不得侵害合法婚姻当事人的财产权益。当事人所生的子女，适用本法关于父母子女的规定。婚姻无效或者被撤销的，无过错方有权请求损害赔偿。”

因此，如果小梅不肯离婚，小陈可以向法院请求撤销婚姻，被撤销的婚姻自始无效，小陈还可以向小梅主张损害赔偿。

▶ 12. 养了8年的儿子发现非亲生，丈夫可以要求赔偿吗

案例

小张与妻子小黄婚后生育一子，小张对儿子非常宠爱。某天小张偶然听到邻居闲话说，他常年在外打工，这个孩子还不定是谁的。这句闲话让小张心生怀疑，他就带着儿子做了亲子鉴定，没想到鉴定结果居然是两人不存在血缘关系。原来，孩子的亲生父亲竟然是小黄的婚外情人小陈。小张对此非常痛苦，于是与妻子小黄协议离婚。小张觉得，自己这么多年来的感情受到欺骗，难道就只能离婚吗？

解析

《民法典》第1043条规定，夫妻应当互相忠实，互相尊重，互相关爱。该案中妻子小黄在婚姻期间出轨，并与婚外情人小陈生下了儿子，该行为使小张的精神遭受到相当大的损害。根据《民法典》第1091条的规定，

小黄有重大过错,小张有权请求损害赔偿。此外,由于小张实际上是"代"小陈抚养儿子,因此,他还可以向小陈主张这8年的抚养费。

13. 因"第三者介入"导致离婚,过错方承担什么责任

案例

刘某与张某是一对夫妻,婚后生育一个男孩。在共同生活中,双方因家庭琐事发生矛盾,后来刘某离家出走并与邻村范某同居,被张某发现。张某就以夫妻感情破裂为由诉至法院,要求与刘某离婚,并要求刘某赔偿自己造成的精神损害10万元。因婚外情导致离婚的,过错方应当承担什么责任?

解析

《民法典》第1091条明确指出,有配偶者与他人同居导致离婚的,无过错方有权请求损害赔偿。意味着在婚姻关系中的过错方要对对方承担赔偿责任。在这里要明确限定什么是"有配偶者与他人同居"。最高人民法院《关于适用〈中华人民共和国民法典〉婚姻家庭编的解释(一)》第2条规定,"与他人同居"的情形,是指有配偶者与婚外异性,不以夫妻名义,持续、稳定地共同居住。

刘某离家出走与范某同居的事实,已经构成了法律上"有配偶者与他人同居"的情形,因此,张某在起诉离婚时,有权请求损害赔偿,包括物质损害赔偿和精神损害赔偿。根据最高人民法院《关于确定民事侵权精神损害赔偿责任若干问题的解释》(2020年12月修正)第5条的规定,精神损害赔偿数额根据以下因素确定:(1)侵权人的过错程度,法律另有规定的除外;(2)侵害的手段、场合、行为方式等具体情节;(3)侵权行为所造成的后果;(4)侵权人的获利情况;(5)侵权人承担责任的经济能力;(6)受诉法院所在地平均生活水平。在该案中,法官根据案件事实以及

上述因素，判决刘某向张某支付精神损害赔偿金2万元。

▶ 14. 离婚时，一方认为对家庭付出较多，能主张多分财产吗

案例

张某和妻子叶某结婚10多年，育有一子一女。由于张某的父母身体不好，常年患病在床，叶某就承担了照顾公婆和孩子的重担，张某则外出打工或者做点生意。父母离世后，张某以夫妻感情破裂为由，向法院提起离婚诉讼。叶某感到挽回婚姻已不可能，就提出自己多年来辛苦照料老人和孩子，应当多分财产。叶某的主张能得到法院的支持吗？

解析

《民法典》第1088条规定："夫妻一方因抚育子女、照料老年人、协助另一方工作等负担较多义务的，离婚时有权向另一方请求补偿，另一方应当给予补偿。具体办法由双方协议；协议不成的，由人民法院判决。"叶某在十几年间负责照料患病在床的老人和年幼的孩子，操持家务，符合法律规定的"负担较多义务"的条件。因此，张某应当给叶某一定的补偿。

第八篇
未成年人的权利应受到重视

▶ 1. 夫妻离婚时，孩子一般会判给谁

案例

小旭满8周岁了，他的父母正在闹离婚。小旭的母亲张某希望法院判令儿子归自己抚养，因为小旭自小就跟着自己生活；而小旭的父亲王某对这项要求坚决反对，他认为自己是因为在外打工挣钱养家所以才没能经常陪伴儿子，但是男孩应当随父亲生活。双方争执不下，那么法院应当怎样判决？小旭的母亲该具备什么条件才有利于争取到孩子的抚养权？

解析

《民法典》第1084条第3款规定："离婚后，不满两周岁的子女，以由母亲直接抚养为原则。已满两周岁的子女，父母双方对抚养问题协议不成的，由人民法院根据双方的具体情况，按照最有利于未成年子女的原则判决。子女已满八周岁的，应当尊重其真实意愿。"

父母是否离婚，其与子女之间的关系是不变的，无论是否直接抚养未成年子女，都应承担抚养、教育和保护的义务。由于父母离婚之后不再共同生活，在确定未成年子女归谁抚养这一问题时，就必须要考虑到儿童利益最大化原则。根据《民法典》的上述规定，对未成年子女的抚养权归属问题，将子女分为2周岁以下、2周岁以上8周岁以下和8周岁以上3个年龄段来考虑，即(1)不满2周岁的子女，以由母亲直接抚养为原则；(2)已满2周岁的子女，父母双方对抚养问题协议不成的，由人民法院根据双方的具体情况，按照最有利于未成年子女的原则判决；(3)子女已满8周岁的，应当尊重其真实意愿。因此，小旭由谁来抚养，法庭要尊重小旭自己的意愿。

上述内容只是针对未成年子女抚养权的原则性规定，在具体情形中该如何处理，最高人民法院《关于适用〈中华人民共和国民法典〉婚姻家

庭编的解释(一)》第 44 条至第 48 条作了更详细的规定：

(1)不满 2 周岁的子女,原则上由母亲抚养,但是,如果母亲有下列情形之一的,法院支持父亲直接抚养子女：

①患有久治不愈的传染性疾病或者其他严重疾病,子女不宜与其共同生活；

②有抚养条件不尽抚养义务,而父亲要求子女随其生活；

③因其他原因,子女确不宜随母亲生活。

(2)父母双方协议不满 2 周岁子女由父亲直接抚养,并对子女健康成长无不利影响的,人民法院应予支持。

(3)对已满 2 周岁的未成年子女,父母均要求直接抚养,一方有下列情形之一的,可予优先考虑：

①已做绝育手术或者因其他原因丧失生育能力；

②子女随其生活时间较长,改变生活环境对子女健康成长明显不利；

③无其他子女,而另一方有其他子女；

④子女随其生活,对子女成长有利,而另一方患有久治不愈的传染性疾病或者其他严重疾病,或者有其他不利于子女身心健康的情形,不宜与子女共同生活。

(4)父母抚养子女的条件基本相同,双方均要求直接抚养子女,但子女单独随祖父母或者外祖父母共同生活多年,且祖父母或者外祖父母要求并且有能力帮助子女照顾孙子女或者外孙子女的,可以作为父或者母直接抚养子女的优先条件予以考虑。

(5)在有利于保护子女利益的前提下,父母双方协议轮流直接抚养子女的,人民法院应予支持。上述规定确定了诉讼离婚中对子女抚养问题的裁判所遵循的原则,这为司法实践提供了操作上的便利。如果父母一方想争取孩子的抚养权,可以与对方协商,达成一致意见。如果协商不成,可以向法院提起诉讼,并向法院表明自己所具有的有利于未成年子女成长的情形,具体可参考上述法律规定。

2. 常见的儿童安全事故有哪些

案例

董某和妻子在城市打工，很少回家，两个不到7岁的孩子由留守在村里的奶奶照看。夏末的一天，奶奶下地干活，哥哥带妹妹在水塘边玩耍，妹妹不慎掉入水中，哥哥找到大人来帮忙时，妹妹已经溺水死亡了。未成年人常见的安全事故有哪些？家长该怎样预防？

解析

未成年人的安全事故时有发生，常见的有以下几类：

（1）误食有毒、有害或有危险的物品，如药片、农药、食品干燥剂等。家长应当将药品统一收纳，放置在孩子触碰不到的地方；农药不能随便乱放，要与治病用的药品区分放置；孩子食用果冻、坚果、带小果核的水果等具有潜在危险的食物时，身边一定要有大人看护。

（2）发生火灾、溺水、触电、烫伤、煤气中毒等事故。对于年龄小的孩子，家长必须看管好，这个年龄段的孩子对危险没有判断能力，家长尽量不要让孩子脱离自己的视线；如果有紧急事情必须离开，应将孩子交给其他成年人代为照管。如果不得已要让孩子单独在家，也应确保安全，让其远离危险物品，仔细检查周围是否有危险物品，包括刀、火柴、打火机、汽油、带电的插座等。对于年龄大一些，有一定理解能力的孩子，家长平时应告诉孩子一些安全注意事项。

（3）使用危险玩具引发伤害。家长在为孩子挑选玩具时，应当注意玩具是否存在下述隐患：窒息危险、刺伤皮肤、射伤危险等。家长不应为孩子选择有潜在危险的玩具。如果家长发现孩子携带了危险的玩具，应该告诉他们危险玩具可能会造成严重的伤害后果，让孩子交出危险玩具。

（4）交通事故。家长应注重对孩子交通安全意识的培养，包括：督促孩子过马路走人行横道线、过路口不闯红灯、不进入机动车道;不让未满12周岁的孩子骑自行车上路;如果孩子已满12周岁,骑自行车时一定要在非机动车道上行驶;不要在道路上打闹、嬉戏和追逐;不要翻越道路隔离栅栏或在车辆临近时突然横穿马路;徒步行走时,应在人行道上或路的边缘行走,不要踩踏下水井盖;遇到雨、雾、雪等恶劣天气时,告诉孩子注意交通安全,一定要谨观慎行,保证安全。

(5)动物伤害。社区内饲养的宠物主要是猫和狗,家长要管教好孩子,不要去挑逗猫狗等动物,教育孩子在路上看到狗要沉着冷静地避开,不要狂跑。如果是孩子主动挑逗动物而致伤,自己是要承担主要责任的。《民法典》第1245条规定,饲养的动物造成他人损害的,动物饲养人或者管理人应当承担侵权责任;但是,能够证明损害是因被侵权人故意或者重大过失造成的,可以不承担或者减轻责任。

▶ 3. 常见的儿童不良行为有哪些

案例

小刚是小学三年级的学生,他和小伙伴平时喜欢打电子游戏。听说现在有一款新游戏,打斗场面做得非常棒,小刚就和同学约好了周末去玩通宵。小刚的父母平时忙着打工挣钱,只要孩子不惹事他们就不怎么管。连续玩了两天后,小刚晕晕乎乎地从网吧刚一走出来就一头栽倒在地。他的同学赶紧给小刚的父母打电话,并把他送到了医院,经抢救后才脱离危险。未成年人常见的不良行为有哪些?家长该如何引导孩子?

解析

未成年人心智尚不成熟,面对外面社会的诱惑很难能完全自制,如果家长不加以引导和控制,难免会有不良行为,危及自身和他人。以下为儿童的常见不良行为及家长的预防策略:

(1)携带管制刀具。有的小孩子喜欢看武打片、警匪片,还喜欢模仿里面的反派角色,觉得随身带着匕首、刀具很酷,很帅,却不知道这种行为已经违法了。虽然孩子年龄小不会受到处罚,但随身携带管制刀具非常危险,很容易伤害自己或者他人。家长平时要以身作则,家中不存放管制刀具,如果有,也要放在安全的地方,否则一旦发生伤害事故后悔也晚了。

(2)夜不归宿。2021年6月1日起实施的《预防未成年人犯罪法》(2020年12月修订)第28条规定:“本法所称不良行为,是指未成年人实施的不利于其健康成长的下列行为……(三)无故夜不归宿、离家出走……”第35条规定:“未成年人无故夜不归宿、离家出走的,父母或者其他监护人、所在的寄宿制学校应当及时查找,必要时向公安机关报告。收留夜不归宿、离家出走未成年人的,应当及时联系其父母或者其他监护人、所在学校;无法取得联系的,应当及时向公安机关报告。”

(3)接触不健康的书籍、影视作品。《未成年人保护法》第50条规定:“禁止制作、复制、出版、发布、传播含有宣扬淫秽、色情、暴力、邪教、迷信、赌博、引诱自杀、恐怖主义、分裂主义、极端主义等危害未成年人身心健康内容的图书、报刊、电影、广播电视节目、舞台艺术作品、音像制品、电子出版物和网络信息等。”第51条规定:“任何组织或者个人出版、发布、传播的图书、报刊、电影、广播电视节目、舞台艺术作品、音像制品、电子出版物或者网络信息,包含可能影响未成年人身心健康内容的,应当以显著方式作出提示。”即使是有辨别力和自制力的成年人,看多了淫秽、暴力、凶杀、恐怖等不健康的书籍和电影的,都可能会造成心理扭曲、强奸杀人的恶果,未成年人接触这些东西的后果就可想而知了。为人父母一定要以身作则、洁身自好,自己不要看这些东西,更不要让孩子有接触的机会。如果在外面看到这些东西,或者在正常播放的影片中有此类镜头,也不要一味遮掩、故意吓唬孩子,要告诉他们这些东西不好、为什么不好,让孩子从小学会辨别好坏。

(4)沉迷网络游戏。适度地玩电子游戏并不会给孩子带来伤害,因此,在法定节假日,父母可以允许孩子玩一个小时。但如果孩子连续几个小时甚至通宵打游戏,这就对其身体和精神有害了,父母就要进行干预。但是,干预也要有技巧,如果生硬粗暴地不让玩,可能会适得其反,让孩子更加叛逆。父母不妨多与孩子沟通,让孩子多参加其他活动来转移其注意力。

(5)喝酒、吸烟等恶习。《未成年人保护法》第59条第1款规定:“学校、幼儿园周边不得设置烟、酒、彩票销售网点。禁止向未成年人销售烟、酒、彩票或者兑付彩票奖金。烟、酒和彩票经营者应当在显著位置设置不向未成年人销售烟、酒或者彩票的标志;对难以判明是否是未成年人的,应当要求其出示身份证件。”根据《预防未成年人犯罪法》第29条的规定,未成年人的父母或者其他监护人发现未成年人有吸烟、饮酒等不良行为的,应当及时制止并加强管教。家长一旦发现孩子有抽烟、喝酒的不良行为,就要及时制止,让孩子知道这是不好的行为。

其实,孩子在成长过程中,总是会有意无意地模仿父母和其他成年人的行为,而他们的不良行为有些就是在模仿中逐渐形成的。因此,杜绝孩子的不良行为,不能说一套做一套,不让孩子做自己却在做,这样是不管用的,父母要以身作则,给孩子树立正面的榜样。

▶ 4. 父母吵架拿孩子当“出气筒”,这样的家长该受什么处罚

案例

小永已满13岁,父母因为家庭琐事经常吵架,小永就成为母亲的“出气筒”,母亲心情不好时就经常打骂他。有一次在父母激烈争吵之后,母亲越看小永越不顺眼,将他赶了出去,小永感到既害怕又无助。那么,父母对未成年子女的侵权行为,应该承担什么法律责任?

解析

《民法典》第26条第1款规定："父母对未成年子女负有抚养、教育和保护的义务。"《未成年人保护法》第16条规定："未成年人的父母或者其他监护人应当履行下列监护职责：(一)为未成年人提供生活、健康、安全等方面的保障；(二)关注未成年人的生理、心理状况和情感需求；(三)教育和引导未成年人遵纪守法、勤俭节约，养成良好的思想品德和行为习惯；(四)对未成年人进行安全教育，提高未成年人的自我保护意识和能力；(五)尊重未成年人受教育的权利，保障适龄未成年人依法接受并完成义务教育；(六)保障未成年人休息、娱乐和体育锻炼的时间，引导未成年人进行有益身心健康的活动；(七)妥善管理和保护未成年人的财产；(八)依法代理未成年人实施民事法律行为；(九)预防和制止未成年人的不良行为和违法犯罪行为，并进行合理管教；(十)其他应当履行的监护职责。"第17条规定："未成年人的父母或者其他监护人不得实施下列行为：(一)虐待、遗弃、非法送养未成年人或者对未成年人实施家庭暴力；(二)放任、教唆或者利用未成年人实施违法犯罪行为；(三)放任、唆使未成年人参与邪教、迷信活动或者接受恐怖主义、分裂主义、极端主义等侵害；(四)放任、唆使未成年人吸烟(含电子烟，下同)、饮酒、赌博、流浪乞讨或者欺凌他人；(五)放任或者迫使应当接受义务教育的未成年人失学、辍学；(六)放任未成年人沉迷网络，接触危害或者可能影响其身心健康的图书、报刊、电影、广播电视节目、音像制品、电子出版物和网络信息等；(七)放任未成年人进入营业性娱乐场所、酒吧、互联网上网服务营业场所等不适宜未成年人活动的场所；(八)允许或者迫使未成年人从事国家规定以外的劳动；(九)允许、迫使未成年人结婚或者为未成年人订立婚约；(十)违法处分、侵吞未成年人的财产或者利用未成年人牟取不正当利益；(十一)其他侵犯未成年人身心健康、财产权益或者不依法履行未成年人保护义务的行为。"

父母对未成年子女常见的侵权行为主要有家庭暴力、虐待、遗弃、剥夺子女的受教育权、放任未成年人的不良行为、强迫未成年人参加有害身心健康的活动等。《民法典》第36条规定:“监护人有下列情形之一的,人民法院根据有关个人或者组织的申请,撤销其监护人资格,安排必要的临时监护措施,并按照最有利于被监护人的原则依法指定监护人:(一)实施严重损害被监护人身心健康的行为;(二)怠于履行监护职责,或者无法履行监护职责且拒绝将监护职责部分或者全部委托给他人,导致被监护人处于危困状态;(三)实施严重侵害被监护人合法权益的其他行为。本条规定的有关个人、组织包括:其他依法具有监护资格的人,居民委员会、村民委员会、学校、医疗机构、妇女联合会、残疾人联合会、未成年人保护组织、依法设立的老年人组织、民政部门等。前款规定的个人和民政部门以外的组织未及时向人民法院申请撤销监护人资格的,民政部门应当向人民法院申请。”《未成年人保护法》第108条也规定了撤销监护人制度:“未成年人的父母或者其他监护人不依法履行监护职责或者严重侵犯被监护的未成年人合法权益的,人民法院可以根据有关人员或者单位的申请,依法作出人身安全保护令或者撤销监护人资格。被撤销监护人资格的父母或者其他监护人应当依法继续负担抚养费用。”

除被撤销监护资格外,父母可能还需要承担其他责任,如赔偿损失、由公安机关给予行政处罚、构成犯罪的依法追究刑事责任。《民法典》第34条第3款规定:“监护人不履行监护职责或者侵害被监护人合法权益的,应当承担法律责任。”

《未成年人保护法》第118条规定:“未成年人的父母或者其他监护人不依法履行监护职责或者侵犯未成年人合法权益的,由其居住地的居民委员会、村民委员会予以劝诫、制止;情节严重的,居民委员会、村民委员会应当及时向公安机关报告。公安机关接到报告或者公安机关、人民检察院、人民法院在办理案件过程中发现未成年人的父母或者其他监护人存在上述情形的,应当予以训诫,并可以责令其接受家庭教育指导。”

第129条规定:“违反本法规定,侵犯未成年人合法权益,造成人身、财产或者其他损害的,依法承担民事责任。违反本法规定,构成违反治安管理行为的,依法给予治安管理处罚;构成犯罪的,依法追究刑事责任。”

5. 父母外出打工,未成年子女由谁来照管

案例

小宝2岁的时候,父母为了挣钱到城市打工,把他留在老家交给奶奶照顾。可是,奶奶已经60多岁了,身体不好,特别是腰腿疼得厉害。冬天的时候,家里生着火盆,2岁的小宝正是活泼好动的年纪,奶奶生怕孙子被火盆烧着,可自己的腿脚撵不上孩子,只好用绳子把孩子拴在床上。小宝的妈妈在视频里看到孩子被拴着,非常生气。但奶奶也很无奈。

解析

《未成年人保护法》第22条第1款、第2款规定:“未成年人的父母或者其他监护人因外出务工等原因在一定期限内不能完全履行监护职责的,应当委托具有照护能力的完全民事行为能力人代为照护;无正当理由的,不得委托他人代为照护。未成年人的父母或者其他监护人在确定被委托人时,应当综合考虑其道德品质、家庭状况、身心健康状况、与未成年人生活情感上的联系等情况,并听取有表达意愿能力未成年人的意见。”

小宝的父母外出打工,应当将小宝委托给具有照护能力的完全民事行为能力人代为照护,而小宝的奶奶并不符合法律规定的条件。老人身体差、腿脚不好,无法妥善照看孩子,为了孩子安全只能将小宝拴在床上,这显然无法给小宝提供安全、稳妥的生活环境。小宝的父母如果确实找不到其他有能力照护孩子的人,父亲或者母亲至少应该留下一个人来照顾孩子和老人。

需要注意的是,《未成年人保护法》第22条第3款明确规定了不能作

为照顾未成年人的被委托人,即“具有下列情形之一的,不得作为被委托人:(一)曾实施性侵害、虐待、遗弃、拐卖、暴力伤害等违法犯罪行为;(二)有吸毒、酗酒、赌博等恶习;(三)曾拒不履行或者长期怠于履行监护、照护职责;(四)其他不适宜担任被委托人的情形”。

另外,根据《未成年人保护法》第23条的规定,未成年人的父母委托他人代为照护孩子的,应当及时将委托照护情况书面告知未成年人所在学校、幼儿园和实际居住地的居民委员会、村民委员会,加强与未成年人所在学校、幼儿园的沟通。父母虽然不在身边,与孩子以及照护人也应当至少每周联系和交流一次,了解孩子的生活和身心情况,让孩子感受到父母的关爱。如果父母接到照护人、居民委员会、村民委员会、学校、幼儿园等关于未成年人心理、行为异常的通知后,应当及早回家采取干预措施。

6. 未成年人打伤了其他小孩,父母应承担哪些责任

案例

轩轩和亮亮是同村的小朋友,经常在一起玩耍。一天,轩轩和亮亮在玩耍时因为争夺玩具发生了争执,轩轩将亮亮用力推倒,亮亮的头部恰巧碰到了石头上,破了一个口子。亮亮被家人送到医院包扎处理好伤口,花费了2000元医疗费。轩轩的行为,该由谁来承担责任呢?

解析

《民法典》第1188条规定:“无民事行为能力人、限制民事行为能力人造成他人损害的,由监护人承担侵权责任。监护人尽到监护职责的,可以减轻其侵权责任。有财产的无民事行为能力人、限制民事行为能力人造成他人损害的,从本人财产中支付赔偿费用;不足部分,由监护人赔偿。”可见,自家未成年孩子将别的小孩打伤的,父母是要承担民事赔偿责任的。

未成年人的身心发育尚不成熟,易受到外界侵害,也可能会伤害他人,因此需要家长的细心保护和教育。修订后的《未成年人保护法》加强了家庭保护部分,细化了家庭监护职责,第16条具体列举10类监护行为,包括:为未成年人提供生活、健康、安全等方面的保障;教育和引导未成年人遵纪守法、勤俭节约,养成良好的思想品德和行为习惯等。第17条具体列举监护的11类禁止性行为,包括虐待、遗弃、非法送养未成年人或者对未成年人实施家庭暴力;放任未成年人沉迷网络等。同时规定了不依法履行监护职责的法律责任,比如,由其居住地的居民委员会、村民委员会予以劝诫、制止;情节严重的,居民委员会、村民委员会应当及时向公安机关报告。公安机关接到报告或者公安机关、人民检察院、人民法院在办理案件过程中发现未成年人的父母或者其他监护人存在上述情形的,应当予以训诫,并可以责令其接受家庭教育指导。

▶ 7. 孩子在课间休息时受伤,学校要承担责任吗

案例

陈某在城市里打工,儿子小健到了入学年龄后也来到城市,在租住地附近的一家小学上学。一天下午,小健和同学亮亮争抢一支铅笔时,右眼被扎伤。为了医治孩子的眼睛,陈某花费了3万多元,更换人工晶体的后续治疗费还需要4万多元。陈某认为,孩子是在学校受的伤,学校没有尽到责任,应当赔偿自己的损失。但学校负责人认为,小健是课间休息时和亮亮争夺铅笔时被扎伤的,亮亮的家长才应该对此承担赔偿责任。小学生课间受伤,学校到底需不需要承担赔偿责任?

解析

《民法典》第1201条规定:"无民事行为能力人或者限制民事行为能力人在幼儿园、学校或者其他教育机构学习、生活期间,受到幼儿园、学校

或者其他教育机构以外的第三人人身损害的,由第三人承担侵权责任;幼儿园、学校或者其他教育机构未尽到管理职责的,承担相应的补充责任。幼儿园、学校或者其他教育机构承担补充责任后,可以向第三人追偿。”

依照上述法律规定,亮亮是实施侵权行为的人,应当承担侵权赔偿责任;学校对小健没有尽到安全保护的义务,应承担相应的补充责任。由于亮亮是无民事行为能力人,因此应由其法定监护人承担民事责任。

8. 遭遇同学欺凌该怎么办

案例

小磊是一名小学生,由于长得瘦弱,性格又懦弱,平时经常遭到高年级同学的欺负。小磊因此精神压力极大,有时候夜里都会哭醒。小磊的父母常年在外打工,偶然得知儿子被欺负后十分气愤,可是他们不可能经常陪伴儿子,该怎么保护儿子免受欺负?

解析

《未成年人保护法》第130条规定了什么是学生欺凌,即“学生欺凌,是指发生在学生之间,一方蓄意或者恶意通过肢体、语言及网络等手段实施欺压、侮辱,造成另一方人身伤害、财产损失或者精神损害的行为”。

对于学生之间的欺凌行为,法律规定了学校在预防和处理方面的职责。《未成年人保护法》第39条规定:“学校应当建立学生欺凌防控工作制度,对教职员工、学生等开展防治学生欺凌的教育和培训。学校对学生欺凌行为应当立即制止,通知实施欺凌和被欺凌未成年学生的父母或者其他监护人参与欺凌行为的认定和处理;对相关未成年学生及时给予心理辅导、教育和引导;对相关未成年学生的父母或者其他监护人给予必要的家庭教育指导。对实施欺凌的未成年学生，学校应当根据欺凌行为的性质和程度，依法加强管教。对严重的欺凌行为，学校不得隐瞒，应当及时向公安机关、教育行政部门报告，并配合相关部门依法处理。”

2017年11月，教育部等11部门发布的《加强中小学生欺凌综合治理方案》中规定：“学生欺凌事件的处置以学校为主。教职工发现、学生或者家长向学校举报的，应当按照学校的学生欺凌事件应急处置预案和处理流程对事件及时进行调查处理，由学校学生欺凌治理委员会对事件是否属于学生欺凌行为进行认定。”如果经调查认定实施欺凌的学生，学校应当制定专门教育方案监督实施欺凌的学生按要求接受教育。同时，对于不同程度的欺凌事件进行分别处理：情节轻微的，由学校对实施欺凌学生开展批评、教育，实施欺凌的学生应向被欺凌学生当面或书面道歉，取得谅解；情节比较恶劣、对被欺凌学生身体和心理造成明显伤害的严重欺凌事件，学校对实施欺凌学生开展批评、教育的同时，可邀请公安机关参与警示教育或对实施欺凌学生予以训诫，学校可视具体情节和危害程度给予实施欺凌学生纪律处分，将其表现记入学生综合素质评价；屡教不改或者情节恶劣的严重欺凌事件，必要时可将实施欺凌学生转送专门（工读）学校进行教育；涉及违反治安管理或者涉嫌犯罪的学生欺凌事件，处置以公安机关、人民法院、人民检察院为主。

小磊的父母应当及时与学校老师沟通儿子遭遇欺凌的情况，由学校进行调查并对实施欺凌的同学进行处罚。

9. 孩子利用暑期打工，如何防范受骗上当

案例

放暑假后，正读高中的小琳来到父母打工的城市，想找份工作帮家里挣点钱，减轻父母的压力。小琳在网上看到一个招聘广告，不要求学历、经验，每天只需要上上网就能赚200元。了解情况后，小琳才知道是给一

些网店刷单,每天完成刷单任务后会返还本金和报酬。工作第一天,小琳在对方多次要求下,按提示在刷单时垫付了2000多元费用后,才发现被骗。暑期打零工该如何防范上当受骗?

解析

学生在暑期打零工,不仅能得到锻炼还能赚点零花钱。但是,由于学生涉世未深,很容易成为骗子下手的对象。像小琳这样帮刷单被骗外,还有其他形形色色的骗局。比如,黑中介在收取学生的中介费后不履行合同,不为学生找合适的工作;有的单位会要求暑期打工的学生上岗前交押金、保证金,但交完钱之后又以各种借口拖延不给安排工作,或者在结算工资时不予返还押金;还有一些人以工作轻松、待遇高等名义将学生骗到外地,或者强迫学生加入传销组织,或者让其从事违法犯罪的事情,甚至还可能被人贩子贩卖。

学生在暑期打工,只不过是正常课业生活外的"调剂",千万不能以挣大钱为目标,否则难免会受到金钱诱惑而被骗甚至被卖。如果是通过职业中介找工作的,应当选择正规的中介机构。判断中介是否正规,要看对方是否在营业场所悬挂工商部门的营业执照和人力资源与社会保障部门颁发的职业介绍许可证。如果招聘的公司要求缴纳押金、风险金、报名费、服装费、培训费等各种名目的费用的,都属于违法行为,遇到这种情形应拒交并向劳动监察大队举报。需要注意的是,如果有人以工作轻松、高薪为名要求去外地工作的,千万不要去,要坚信天上不会掉馅饼的道理,有诱惑的地方必定有陷阱。

学生涉世未深,对社会上形形色色的骗局不见得都能看得透。因此,除平时教育孩子要有安全意识外,父母一定要对孩子找的临时工作把关,不明底细的单位不要去,违背道德、违反法律的行为一定不能做。

10. 什么是对儿童的性侵害犯罪及如何防止儿童遭受性侵害

案例

李某在某村小学任教期间，利用在校学生年幼无知、胆小害羞的弱点，先后将其管理的班级的26名女学生骗至宿舍、教室、村外树林等多处进行奸淫、猥亵。这些被害人系7周岁至11周岁的幼女。李某对这些幼女的行为构成刑事犯罪吗？如何防止未成年人遭遇性侵？

解析

根据最高人民法院、最高人民检察院、公安部和司法部印发的《关于依法惩治性侵害未成年人犯罪的意见》第1条的规定，“本意见所称性侵害未成年人犯罪，包括刑法第二百三十六条、第二百三十七条、第三百五十八条、第三百五十九条、第三百六十条第二款规定的针对未成年人实施的强奸罪，强制猥亵、侮辱妇女罪，猥亵儿童罪，组织卖淫罪，强迫卖淫罪，引诱、容留、介绍卖淫罪，引诱幼女卖淫罪，嫖宿幼女罪等”。李某对26名幼女进行奸淫、猥亵，已经构成了《刑法》中的猥亵儿童罪和强奸罪，是对未成年人的严重性侵害犯罪。

在性侵害未成年人犯罪案件中，外来务工人员的子女占很大比例，而且，将近半数的案件属于熟人作案，多数为被害人的朋友、老师、邻居等，案发的地点比较隐蔽，多在学校、职工宿舍和宾馆等。特别值得注意的是，目前网络交友已经成为滋生性侵害犯罪的一个重要途径，特别是性侵害未成年人。

预防未成年人遭受性侵害，就要为他们提供一个阳光、健康的成长环境，而这需要多角度、多层次的努力。除加大法律的惩处力度外，家长的监护、防范是一个重要的保障。家长在日常生活中应当向孩子传授必要的防范知识,比如,身体的哪些部位不能让别人触碰,不要单独与成年异性在一起等,提高孩子的防范意识。和年龄小的孩子讨论这些问题时,有些家长觉得不好意思,其实,可以用比较委婉的词句与孩子讨论,比如,以有人轻拍背部、撞你、推你、有人触摸你并警告你保守秘密等为例,说明“善意接触”“有害接触”“秘密接触”等概念,用“泳衣覆盖的部位”或者“背心、裤衩覆盖的部位”解释隐私部位。

如何预防学校老师对学生的猥亵、强奸是应当引起注意的。因为教师的身份和在学生心目中的地位,使其所实施的校园性侵犯罪带有隐蔽性,而且更容易得逞。家长需要提醒未成年人学会独立思考、分辨是非,无论遇到任何人对自己有猥亵行为,即使是自己的老师,也要立即向学校领导举报,并要及时告知家长。

▶ 11. 孩子想做网络直播,可以吗

案例

小明已满14岁,由于父母在外打工,小明放学后经常玩手机,爷爷奶奶也管不住。他看到网上直播能赚不少钱,自己也动了心,想在某网站上直播游戏。小明可以做网络直播吗?

解析

小明是不能做网络直播的。

《未成年人保护法》第76条规定:“网络直播服务提供者不得为未满十六周岁的未成年人提供网络直播发布者账号注册服务;为年满十六周岁的未成年人提供网络直播发布者账号注册服务时,应当对其身份信息进行认证,并征得其父母或者其他监护人同意。”

小明能不能用父母的身份证进行认证开直播?这也是不允许的。《网络安全法》第24条第1款规定:“网络运营者为用户办理网络接入、

域名注册服务,办理固定电话、移动电话等入网手续,或者为用户提供信息发布、即时通讯等服务,在与用户签订协议或者确认提供服务时,应当要求用户提供真实身份信息。用户不提供真实身份信息的,网络运营者不得为其提供相关服务。”直播平台对于“真实信息”会有相关要求,如果使用的身份证信息与实际直播人不符合,会被认定为信息不真实,直播平台会关闭其直播,同时不提供结算服务,即使有人打赏也拿不到钱。

另外,孩子用手机参与网络付费游戏或者在网络直播平台打赏的,根据最高人民法院发布的《关于依法妥善审理涉新冠肺炎疫情民事案件若干问题的指导意见(二)》(法发〔2020〕17 号)第 9 条的规定,充值、打赏等支出的款项如果与未成年人的年龄、智力不相适应,监护人是有权请求网络服务提供者返还该款项的。

▶ 12. 孩子用压岁钱买了手机,家长能要求退货吗

案例

陈某和妻子常年在外打工,10 岁的儿子洋洋跟着爷爷奶奶在老家生活。平日里看到小伙伴都拿着手机玩,洋洋很眼馋,但爷爷奶奶只用老年机,没法玩。为此,洋洋就用攒下的压岁钱买了一部智能手机。得知儿子把压岁钱都花在了手机上,陈某极为恼火,当晚就带着儿子找到手机经销商,要求对方全额退款,但商家以“手机被激活无法还原”为由拒绝。陈先生能要求退货吗?

解析

陈先生是有权要求商家退货的。《民法典》第 19 条规定:“八周岁以上的未成年人为限制民事行为能力人,实施民事法律行为由其法定代理人代理或者经其法定代理人同意、追认;但是,可以独立实施纯获利益的民事法律行为或者与其年龄、智力相适应的民事法律行为。”洋洋是 10 岁

的小学生,如果买书本、钢笔之类的肯定没问题,但价格不菲的手机,显然超过了其所能支配的范围。家长作为监护人,事后如果能够接受,那么可以对孩子购买手机的行为进行追认,也就是认可了这笔交易。但是,如果家长无法接受,就可以通过协商甚至是起诉来要求退款。

如果未成年人购买了法律、法规禁止向未成年人提供的商品,如烟酒,无论其监护人是否同意,都可以无条件要求其退货。向未成年人出售烟酒的,根据《未成年人保护法》第 123 条的规定,还会受到相应的处罚。

第九篇
生活中常见纠纷的解决

1. 老乡借钱不还怎么办

案例

王某打工攒了些钱后开了家饭店，同村的李某找到他，说刚来此地人生地不熟，向王某借1万元钱，并保证挣到钱后就还他。王某碍于老乡情面，就借给李某1万元钱，也没有打欠条。一年多过去了，也不见李某说还钱的事，王某起了疑心，多次打电话催讨，对方说他干建筑工，年底才结算工资，他也没办法。后来，李某连电话也不接了，如今连个人影也见不着。王某应该怎么办？

解析

老乡借钱不还在法律上属于民间借贷纠纷，如果双方协商不成，权利人应在3年诉讼时效内及时通过民事诉讼依法维权。在上述案例中，王某可以先找到李某，收集证据证明借贷事实，比如，让李某打个欠条，写清楚还款期限，或者找第三人作证人，或收集录音证据。然后可以到家乡法院或者当地法院依法提起民事诉讼。根据《诉讼费用交纳办法》第13条第1项的规定，诉讼请求的金额不超过1万元的，交50元案件受理费。进入司法程序后，王某可向法院申请财产保全，由法院查封、扣押、冻结对方的财产。《民事诉讼法》第149条规定，法院适用普通程序审理的案件，应当在立案之日起6个月内审结；第161条规定，适用简易程序审理案件，法院应当在立案之日起3个月内审结。一审判决生效后，李某如果不执行法院判决，王某在两年内都可申请原审法院强制执行。

如何预防此类事情的发生？一要注意积累法律常识，加强自我保护意识、防范意识。二要注意收集合同、借据、银行转账单、汇款凭据等书面凭证，借钱要写借条是常识，如此才能更好地保护自身的合法权益。三要注意诉讼时效的规定，不能疏忽大意，心存侥幸，假如对方故意抵赖，越早向法院起诉对己方越有利。《民法典》第188条第1款规定,民间借贷的诉讼时效是还款期限届满之日起3年,在此期间,必须向借款人主张债权,3年之后,法院对当事人主张的债权不予保护。倘若没有写明还款日期,适用最长诉讼时效20年。如果在有效的期间内不及时催要欠款,或通过法律途径进行诉讼,或主张过权利但无力证明,那么,即便是通过诉讼途径,也会有败诉风险,债权人的利益得不到有效的保护。

2. 用假名签的借条有效吗

案例

小张在打工期间交了个女朋友小芬,某天小芬说自己的表哥陈某急需用钱,希望小张借给他3000元救急。小张与小芬正在热恋中,二话不说就给陈某转账3000元,陈某为表示诚意,给小张打了欠条,签了名字"陈×"。后来,小张和女友小芬分手,想起自己借出去的钱,就给陈某打电话催款,没想到陈某赖账说根本没借过钱,自己也不叫"陈×"。陈某用假名出具的欠条有效吗?小张如何要回欠款?

解析

陈某用假名借钱的行为已构成欺诈,《民法典》第148条规定:"一方以欺诈手段,使对方在违背真实意思的情况下实施的民事法律行为,受欺诈方有权请求人民法院或者仲裁机构予以撤销。"因此,该借条属于可撤销的合同,并非无效。小张可以向法院起诉,诉讼时效期间为3年,从约定的还款日起计算。小张可以到陈某住所地法院起诉,住所地与经常居住地不一致的,可向他的经常居住地法院起诉。

民间借款"打条"千万要谨慎,尤其要注意以下事项:不要随便找别人代写字据;不要用易褪色的笔书写;"打条"的内容表述要清楚,大小写一定分清;不要使用同音同义字;不要留有过大空白,写字据时内容部分与签字盖章之间空白留得太大,容易被持据人增写其他内容,或将原内容裁去,在空白处重新添加内容;姓名一定要写清楚,最好核对一下身份证;欠条下方要写明日期,如果有印鉴,印鉴一定要规范、清晰。

3. 高利贷受法律保护吗

案例

来到城市打工后,王某觉得自己大开眼界,城市的生活很炫目,可炫目的生活需要钱来支撑。每月的几千元工资并不能满足王某的需求,为此,在2019年10月,他向李某借款3万元还信用卡,约定借期一年,年利率30%。半年后,王某再次向李某借款5万元,借期和利率与上次一样。由于总是花得多而挣得少,王某只偿还了几千元钱后就无力再支付。由于王某一直没有还款,李某就起诉至法院,要求王某偿还借款和利息。人民法院判决王某只需偿还8万元借款本金以及按照借款合同成立时一年期贷款市场报价利率4倍计算的利息,对高利贷部分的款项不予支持。李某认为,王某当初是自愿借款的,并没有强迫他,法院为什么不支持?

解析

《民法典》第680条第1款规定:“禁止高利放贷,借款的利率不得违反国家有关规定。”李某向王某提供借款约定的利息,已经高于国家关于民间借贷利息的规定,因此属于高利贷,超过法定利率上限的,法院不予支持。

最高人民法院《关于审理民间借贷案件适用法律若干问题的规定》(2020年8月修正)第25条规定:“出借人请求借款人按照合同约定利率支付利息的,人民法院应予支持,但是双方约定的利率超过合同成立时一年期贷款市场报价利率四倍的除外。前款所称‘一年期贷款市场报价利率’,是指中国人民银行授权全国银行间同业拆借中心自2019年8月20

日起每月发布的一年期贷款市场报价利率。”按照上述规定，王某第一次借款的利息为2019年10月的一年期贷款市场报价利率(LPR)4.2%的4倍，即16.8%；王某第二次借款的利息为2020年3月的一年期LPR 4.05%的4倍，即16.2%。超过该利率上限的，法院不予支持。

由此可知，王某向李某借款，约定年利率30%已经远远超过了法律规定的一年期LPR的红线，因此超过部分是无效的。

4. 行人闯红灯被车撞，能要求司机赔偿吗

案例

小张是一名机动车驾驶员，他开车穿过一个十字路口时与一名闯红灯的中年妇女相撞，对方的胳膊被撞伤。小张报警后，交警认定中年妇女违反交通法规闯红灯横穿马路，对此次交通事故负全责，小张无责任。但这名中年妇女认为自己是被小张的车撞伤的，因此坚持要求小张赔偿。小张应承担赔偿责任吗？

解析

《道路交通安全法》第76条规定：“机动车发生交通事故造成人身伤亡、财产损失的，由保险公司在机动车第三者责任强制保险责任限额范围内予以赔偿；不足的部分，按照下列规定承担赔偿责任：(一)机动车之间发生交通事故的，由有过错的一方承担赔偿责任；双方都有过错的，按照各自过错的比例分担责任。(二)机动车与非机动车驾驶人、行人之间发生交通事故，非机动车驾驶人、行人没有过错的，由机动车一方承担赔偿责任；有证据证明非机动车驾驶人、行人有过错的，根据过错程度适当减轻机动车一方的赔偿责任；机动车一方没有过错的，承担不超过百分之十的赔偿责任。交通事故的损失是由非机动车驾驶人、行人故意碰撞机动车造成的，机动车一方不承担赔偿责任。”

首先，无论交通事故发生是机动车还是行人的责任，保险公司都应当在机动车第三者责任强制险的责任限额范围内予以赔偿。根据中国银保监会2020年9月发布的《关于调整交强险责任限额和费率浮动系数的公告》的规定，被保险机动车在交通事故中有责任的赔偿限额为：死亡伤残赔偿限额18万元；医疗费用赔偿限额1.8万元；财产损失赔偿限额2000元。被保险机动车在交通事故中无责任的赔偿限额为：死亡伤残赔偿限额1.8万元；医疗费用赔偿限额1800元；财产损失赔偿限额100元。

其次，如果交强险（机动车交通事故责任强制保险）的赔偿不足以弥补损失的，不足部分，根据交通事故中双方当事人之间的责任来确定赔偿数额。需要注意的是，如果机动车一方无过错的，承担不超过10%的赔偿责任。

从该案来看，小张在交通事故中无过错，而中年妇女负全责。因此，中年妇女首先可以从交强险中获得不超过1800元的医疗费用赔偿，如果构成伤残的，还可以获得不超过1.8万元的赔偿。如果交强险无法全部弥补其损失的，不足的部分，小张最多只承担10%的责任。

▶ 5.行人被电动车撞伤，该怎么赔偿

案例

小张骑电动车送外卖时不小心将横穿马路的小李撞伤，小李花了3万多元的医疗费。经过交警部门认定，小张负事故的主要责任，小李负事故的次要责任。现在小李找到了小张，说他的电动车超标，应该在交强险规定的范围内承担全部的医疗费和其他损失共5万多元。小张觉得，电动车也是自行车，需要承担全部赔偿责任吗？

解析

电动车是不是机动车，要看它是不是超出法律规定的相关标准。根

据《电动摩托车和电动轻便摩托车通用技术条件》的规定,整车整备质量在40公斤以上且最高设计时速不大于50公里,或者最高时速在20公里以上且不大于50公里的电动自行车,称为电动轻便摩托车,属于机动车。

如果小张的电动车符合上述条件,那他需要按照《道路交通安全法》的规定来赔偿小李。但符合电动摩托车或电动轻便摩托车标准的电动车,目前还没有纳入机动车的规范管理中,因此,交警部门还无法为其发放行驶证,而保险公司也无法为电动车的所有人销售交强险。对于小李的损失,小张只能根据《道路交通安全法》的规定,自己出钱赔偿。

如果小张的电动车达不到电动轻便摩托车的标准,那就不属于机动车,小张不需要承担全部赔偿责任,只需按照一般侵权行为,根据各自过错承担责任即可。

▶ 6. 到餐馆就餐能自带酒水吗

案例

姜某到餐馆请朋友吃饭,他觉得餐馆的酒收费高,就在外面小卖部买了两瓶白酒。没想到吃完饭结账时,餐馆声称要收取50元服务费。姜某认为,该店“谢绝自带酒水,否则加收50元服务费”的宣传字样太小,且只贴在不起眼的地方,他根本没看到,餐馆加收服务费属于强迫交易。姜某有权拒绝交服务费吗?

解析

姜某是有权拒绝交服务费的。

《消费者权益保护法》第9条第1款、第2款规定:“消费者享有自主选择商品或者服务的权利。消费者有权自主选择提供商品或者服务的经营者,自主选择商品品种或者服务方式,自主决定购买或者不购买任何一种商品、接受或者不接受任何一项服务。”第10条规定:“消费者享有公平交易的权利。消费者在购买商品或者接受服务时,有权获得质量保障、价格合理、计量正确等公平交易条件,有权拒绝经营者的强制交易行为。”第 26 条第 2 款、第 3 款规定:“经营者不得以格式条款、通知、声明、店堂告示等方式,作出排除或者限制消费者权利、减轻或者免除经营者责任、加重消费者责任等对消费者不公平、不合理的规定,不得利用格式条款并借助技术手段强制交易。格式条款、通知、声明、店堂告示等含有前款所列内容的,其内容无效。”

根据上述法律规定,消费者享有自主选择商品或服务的权利,消费者在消费时有权进行比较、鉴别和挑选。餐厅禁止消费者自带酒水的规定明显侵犯了消费者的这项权利,并且这也是一种变相强迫消费者接受自己的商品或者服务的行为,侵犯了消费者的公平交易的权利。餐厅以声明、店堂告示等方式作出对消费者不公平、不合理的规定是无效的。

▶ 7. 网购的商品没有质量问题,但自己不想要,还能退货吗

案例

小红常年在外打工,孩子留在老家由公婆照看。小红对于自己无法陪在孩子身边一直备感愧疚,因此就尽可能地从物质上给孩子弥补。这次小红从网上给孩子买了一套名牌衣服,拿到手之后才发现衣服并没有图片上那么鲜亮,虽然衣服的做工和面料都不错,但她觉得不够满意,小红还能退货吗?

解析

小红可以在收到衣服之日起 7 日内退货。

根据《消费者权益保护法》第 25 条的规定,经营者采用网络、电视、电话、邮购等方式销售商品,消费者有权自收到商品之日起 7 日内退货,且无须说明理由。但是,下列商品是不适用“7 日无理由退货”规则的:

(1)消费者定作的;(2)鲜活易腐的;(3)在线下载或者消费者拆封的音像制品、计算机软件等数字化商品;(4)交付的报纸、期刊以及其他根据商品性质并经消费者在购买时确认不宜退货的商品。

需要注意的是,消费者在退货的时候,应当保证商品完好。此外,退回商品的运费由消费者承担;如果经营者与消费者对运费另有约定的,则按照约定履行。

▶ 8. 购物时由于地面湿滑摔倒,能向商场要求赔偿吗

案例

张某在商场购物时,商场保洁员正在清洁地面,因地上有水,张某不慎滑倒受伤,住院治疗花去医疗费两万多元。张某能要求商场赔偿自己的损失吗?

解析

《民法典》第 1198 条第 1 款规定:"宾馆、商场、银行、车站、机场、体育场馆、娱乐场所等经营场所、公共场所的经营者、管理者或者群众性活动的组织者,未尽到安全保障义务,造成他人损害的,应当承担侵权责任。"《消费者权益保护法》第 7 条也规定,消费者在购买、使用商品和接受服务时享有人身、财产安全不受损害的权利。消费者有权要求经营者提供的商品和服务,符合保障人身、财产安全的要求。

根据上述法律规定,商场对于顾客的人身及财产安全,均负有特定的保障或保护义务,即保障消费者在购买、使用商品和接受服务时人身、财产安全不受损害。如果因商场地面有水导致顾客摔伤的,商场应该承担法律责任,赔偿顾客因人身权利受到侵害而发生的医药费、误工费、护理费、住院伙食补助费、残疾赔偿金等相应损失。

▶ 9. 购买的商品出现质量问题，商家说是生产厂家的问题，消费者能向商家主张赔偿吗

案例

王某打工挣了钱后在某手机店买了一部新手机，使用不到1周就由于质量问题出故障了，商家给换了1部同一型号的手机。没想到用了2天又有了问题，王某觉得这款手机根本没法使用，要求退货，但出售该手机的商家说是生产商的问题，他们只管售货，不负责退换、赔偿。王某能向手机店主张赔偿吗？

解析

王某有权向手机店主张退货。

《消费者权益保护法》第40条第1款规定："消费者在购买、使用商品时，其合法权益受到损害的，可以向销售者要求赔偿。销售者赔偿后，属于生产者的责任或者属于向销售者提供商品的其他销售者的责任的，销售者有权向生产者或者其他销售者追偿。"《产品质量法》第40条第1款、第2款规定："售出的产品有下列情形之一的，销售者应当负责修理、更换、退货；给购买产品的消费者造成损失的，销售者应当赔偿损失：(一)不具备产品应当具备的使用性能而事先未作说明的；(二)不符合在产品或者其包装上注明采用的产品标准的；(三)不符合以产品说明、实物样品等方式表明的质量状况的。销售者依照前款规定负责修理、更换、退货、赔偿损失后，属于生产者的责任或者属于向销售者提供产品的其他销售者(以下简称供货者)的责任的，销售者有权向生产者、供货者追偿。"

因此，根据相关法律规定，销售者提供的产品不符合质量要求，销售者和生产者都有赔偿责任。从方便消费者的角度考虑，消费者有权要求销售者修理、更换或者退货，销售者可以再向生产者追偿。王某作为消费

者有权要求销售手机的公司退货,若销售者拒绝退货,可请求消费者协会调解或者到市场监督管理部门、工商行政部门申诉,或者依法到法院提起民事诉讼,要求销售者退货,赔偿因修理、更换、退货等造成的损失。

▶ 10. 无偿替朋友保管财物,财物丢失,保管人需要承担赔偿责任吗

案例

王某家里翻修房子,要把家里的东西都先搬出去。他干活时觉得钱包在身上有点碍事,就跟邻居李某打招呼,让他帮自己看着。李某揣着钱包出去买了一包烟,回来的时候就发现钱包不见了。王某要求李某赔偿,李某认为自己是无偿替他保管,也不是故意丢失的,因此不愿意赔偿。李某有责任赔偿吗?

解析

王某将钱包交付李某保管,在未约定保管费用的情况下,双方形成的是无偿保管合同关系。《民法典》第 892 条第 1 款规定:“保管人应当妥善保管保管物。”第 897 条规定:“保管期内,因保管人保管不善造成保管物毁损、灭失的,保管人应当承担赔偿责任。但是,无偿保管人证明自己没有故意或者重大过失的,不承担赔偿责任。”李某既然接受了王某交给自己的钱包并进行保管,就应当在其条件许可范围内尽注意义务妥善保管。如果李某对钱包的灭失具有故意或者重大过失的,即使他是属于无偿保管,也是要承担赔偿责任的。比如,李某在小卖部买烟时,漫不经心地将钱包放在柜台上就和别人聊天,致使钱包被别人拿走,李某就具有重大过失,应当赔偿损失。

▶ 11. 被高空坠落物砸伤，可是不知道是谁家扔的，该怎么办

案例

小陈骑着电动车到某商厦楼下时，一个从天而落的杯子砸中了他的头，小陈经治疗后仍留下了创伤性癫痫等严重的后遗症，欠下了巨额医疗费用，全家人不得不外出打工为他治病。说起这次受伤，小陈的父亲非常无奈，商厦里大大小小有100多家商户，也不知道是谁扔的杯子。小陈受伤该找谁赔偿？

解析

小陈可以依据《民法典》的规定，要求该商厦里所有商户承担责任；物业公司如果没有采取必要的安全措施防止高空抛物的，也应当承担相应的侵权责任。

《民法典》第1254条规定了高空抛物掷物的赔偿责任分配，比之前的相关规定更完善，即“禁止从建筑物中抛掷物品。从建筑物中抛掷物品或者从建筑物上坠落的物品造成他人损害的，由侵权人依法承担侵权责任；经调查难以确定具体侵权人的，除能够证明自己不是侵权人的外，由可能加害的建筑物使用人给予补偿。可能加害的建筑物使用人补偿后，有权向侵权人追偿。物业服务企业等建筑物管理人应当采取必要的安全保障措施防止前款规定情形的发生；未采取必要的安全保障措施的，应当依法承担未履行安全保障义务的侵权责任。发生本条第一款规定的情形的，公安等机关应当依法及时调查，查清责任人”。

该规定对于高空抛掷物造成损害的赔偿责任确定了4个基本规则：

第一，高空抛掷物造成损害的，由行为人承担侵权责任，行为人按照过错责任原则承担责任。公安机关应当依法及时查清责任人。

第二，难以明确侵权人的，由可能的加害人（建筑物使用人）予以补

偿,能证明自己不是侵权人的除外。

第三,可能的加害人补偿后有权向实际侵权人追偿。

第四,物业服务企业等建筑物管理人应采取安全保障措施防止高空抛掷物,没有采取必要措施的,应当承担未履行义务的侵权责任。强化了物业服务企业等建筑物管理人的安全保障义务。

如果有人被高空坠物砸伤,又找不到具体侵权责任人,为了保护受害人,所有可能造成伤害的建筑物使用人需要共同承担责任。此外,在不能确定侵权责任人的情况下,受害人还可起诉未尽到安全保障义务的物业管理方承担相应的侵权责任。

第十篇
互联网上
陷阱多

▶ 1. 网上发布的招聘信息与实际情况不符，能向劳动行政部门投诉吗

案例

小赵想外出打工，就在招聘网站上搜索适合自己的工作岗位。小赵发现有一家快递公司在招快递员，月工资5000元。他觉得自己没什么技术，有技术要求的工作很难胜任，从快递员干起倒是不错的选择。小赵很快收拾东西来到了公司，公司负责人简单问了问他的个人情况，就安排他上岗了。工作1个多月后，小赵领到了3500元的工资，可是，招聘网站上不是说的5000元吗？领导却告诉他新来的快递员都是这个工资，想干就干，不想干就走。小赵很郁闷，他能向劳动行政部门投诉吗？

解析

网络普及之后，越来越多的打工者通过网络来寻找合适的工作。但在网站上发布的职位信息，并不全都是真实准确的，比如，有的企业已经招到了人，但其招聘广告仍然挂在网站上；还有的像小赵这样的，招聘网站上宣传的薪酬待遇与实际的不符合。

招聘网站作为沟通用人单位与劳动者之间工作职位信息的渠道，在其上面发布的信息只能作为参考，劳动者如果对某个职位感兴趣，还需要与单位进一步沟通，双方就工作岗位的相关待遇条件达成一致后，应当根据《劳动合同法》第10条第1款的规定签订劳动合同。如果用人单位违反劳动合同中的约定，劳动者可以依据《劳动合同法》第77条以及《劳动保障监察条例》第14条的规定，向劳动行政部门投诉。因此，小赵如果想向劳动监察部门投诉公司克扣工资，还需要证明双方确实就每月5000元的工资达成了一致意见。

2. 把"老赖"的个人信息发布在网上,这样做违法吗

案例

小陈打工的时候认识李某,两人关系处得不错。李某因家里有急事借了小陈2万元钱,说好的年底就还,可是拖了两年多了也没还。小陈每次给他打电话或者发短信,对方都说马上就还,可说完了就不了了之。如今李某屏蔽了小陈的电话号码,人也找不到在哪儿。小陈懊悔自己不该轻信他人,他就想把李某的个人信息放到网上公布,让别人不要再被这个"老赖"欺骗。小陈这么做违法吗?

解析

如果小陈只是把自己被骗的经历如实地放在网站上给他人警示,不夸张事实,这是可以的。但是,如果将对方的身份证号码、手机号码等个人信息擅自放到网上,则可能会侵犯他人的隐私权,这是不妥当的。

小陈发现自己被"老赖"欺骗后,最好的办法是尽快向法院起诉,在拿到胜诉判决后申请法院强制执行。如果李某没有主动履行法院的判决,将会被列入"失信被执行人名单",该名单由司法机关在网上公布,任何人均可在网站平台上查询。根据最高人民法院《关于公布失信被执行人名单信息的若干规定》第1条的规定,被执行人未履行生效法律文书确定的义务,并有下列6种情形之一的,人民法院应当将其纳入失信被执行人名单,依法对其进行信用惩戒,"(一)有履行能力而拒不履行生效法律文书确定义务的;(二)以伪造证据、暴力、威胁等方法妨碍、抗拒执行的;(三)以虚假诉讼、虚假仲裁或者以隐匿、转移财产等方法规避执行的;(四)违反财产报告制度的;(五)违反限制消费令的;(六)无正当理由拒不履行执行和解协议的"。

而一旦被列入"失信被执行人名单","老赖"就面临不能出境,不能

坐飞机和高铁，不能在星级以上宾馆、酒店等场所进行高消费，不能购买房产，不能租赁办公场所，不能旅游、度假，不能招投标等一系列限制，个人生活会受到很大影响，很多“老赖”也因此不得不还钱了。

▶ 3. 在公共场合连接免费 Wi-Fi 有什么风险

案例

小刘在逛商场时连接了免费 Wi-Fi 登录了自己的网上银行，没想到一个小时后他的银行资金被 17 次转账或取现，损失了将近 3 万元。在公共场合连接免费 Wi-Fi 该怎么避免这种风险呢？

解析

公共场所的免费 Wi-Fi 不断增多，但由于免费 Wi-Fi 存在网络漏洞，极易成为黑客攻击的对象，所以连接免费 Wi-Fi 后，网民个人隐私泄露，支付宝、网银账户资金被盗案件时有发生。

一些不法分子在公共场所用一台电脑、一套无线网络以及一个网络包分析软件就可建一个无线热点，搭建一个不设密码的“山寨”免费 Wi-Fi，分分钟就能轻易窃取手机用户的个人数据信息。这种行为可能构成《刑法》第 253 条之一规定的“侵犯公民个人信息罪”，虽然犯罪分子会受到法律严惩，但受害人的信息还是被泄露甚至非法利用了。因此，一定不要在公共场所的无线网络下进行网银支付、手机炒股等操作。另外，有些手机的网络设置中，有 Wi-Fi 自动连接的功能，这些用户往往很容易在“不知情”的情况下落入别人的圈套。因此，大家在公共场所时最好把 Wi-Fi 连接设置为手动，自己想用的时候再打开，这样相对比较安全。

4. 网络聊天内容能作为证据使用吗

案例

小陈在一家宾馆当服务员,当初应聘的时候双方没有签合同,宾馆也没有给她交社会保险。小陈头一回打工,并没有认识到合同、社会保险的重要性,她觉得能多发点工资才实在。工作两年多,宾馆因为不景气被外包给陈某,陈某刚一上任就把小陈解雇了。小陈觉得委屈,她想打官司要求宾馆赔偿,可是自己却没有任何证据,只有陈某在微信里批评自己的聊天内容。微信聊天记录能作为证据吗?

解析

《民事诉讼法》第 63 条规定证据包括"电子数据"。最高人民法院《关于适用〈中华人民共和国民事诉讼法〉的解释》第 116 条第 2 款、第 3 款规定:"电子数据是指通过电子邮件、电子数据交换、网上聊天记录、博客、微博客、手机短信、电子签名、域名等形成或者存储在电子介质中的信息。存储在电子介质中的录音资料和影像资料,适用电子数据的规定。"最高人民法院《关于民事诉讼证据的若干规定》(2019 年 10 月修正)第 14 条规定:"电子数据包括下列信息、电子文件:(一)网页、博客、微博客等网络平台发布的信息;(二)手机短信、电子邮件、即时通信、通讯群组等网络应用服务的通信信息;(三)用户注册信息、身份认证信息、电子交易记录、通信记录、登录日志等信息;(四)文档、图片、音频、视频、数字证书、计算机程序等电子文件;(五)其他以数字化形式存储、处理、传输的能够证明案件事实的信息。"第 15 条第 2 款规定:"当事人以电子数据作为证据的,应当提供原件。电子数据的制作者制作的与原件一致的副本,或者直接来源于电子数据的打印件或其他可以显示、识别的输出介质,视为电子数据的原件。"因此,微信聊天记录作为电子数据的一种形式,可以作为证据使用。

需要注意的是，由于电子证据资料容易被篡改和破坏，证明力较低，因此作为证据使用时，当事人最好以公证的形式留存证据，避免打官司时证据内容“面目全非”。如果没有条件进行公证的，则可以通过微信截屏等方式保全聊天记录，但是，提交微信聊天记录、微信图片等证据应当注意以下几点：

一是证明人应提供使用终端设备登录自己微信账号的过程演示。也就是用自己的手机登录自己微信账号，并将登录过程在法庭上演示出来，以此来证明其持有微信聊天记录的合法性和本人身份的真实性。

二是证明人应当提供聊天双方的个人信息界面。由于微信号具有不可随意更改的特点，结合个人信息界面中显示的手机号码、头像等信息，可以确定双方当事人的真实身份。

三是证明人应提供完整的聊天记录。根据微信聊天记录在使用终端中只能删除、不能添加的特点，对双方各自微信客户端完整聊天信息进行对比，以验证相关信息的完整性和真实性。

特别需要注意的是，“一键瘦身”“垃圾清理”等自动清理功能要慎用，清理之前务必先进行证据保存。

5. 在网络上编造某地发生八级地震的虚假信息进行传播，应当承担什么责任

案例

小李将道听途说某地要发生地震的消息编写成“二十一号下午六点以前在某市将发生八级地震，注意！！！”然后通过手机短信和网络进行散播，引起该市居民的极大恐慌，数万人当天停产停工，躲避在广场等空旷地区，扰乱了社会秩序。小李的这种行为要承担什么责任？

解析

《刑法》第 291 条之一第 2 款规定:“编造虚假的险情、疫情、灾情、警情,在信息网络或者其他媒体上传播,或者明知是上述虚假信息,故意在信息网络或者其他媒体上传播,严重扰乱社会秩序的,处三年以下有期徒刑、拘役或者管制;造成严重后果的,处三年以上七年以下有期徒刑。”小李编造了虚假的地震消息并进行广泛传播,严重扰乱了社会秩序,经法院审理后,认定其构成编造、故意传播虚假信息罪,判处小李有期徒刑 8 个月。

即使小李编造的信息并未引起大众的普遍恐慌,达不到严重扰乱社会秩序的程度,根据《治安管理处罚法》第 25 条的规定,“散布谣言,谎报险情、疫情、警情或者以其他方法故意扰乱公共秩序的”,也会受到 5 日以上 10 日以下拘留,可以并处 500 元以下罚款;情节较轻的,处 5 日以下拘留或者 500 元以下罚款。

另外,根据《互联网用户公众账号信息服务管理规定》(2021 年 1 月修订)的规定,微信公众账号不得编造虚假信息,歪曲事实真相,误导社会公众。否则,公众账号信息服务平台将对制作发布虚假信息的公众账号生产运营者降低信用等级或者列入“黑名单”。公众账号运营者的行为构成违反治安管理或者刑事犯罪的,还会受到法律的严厉制裁。

6. 在网络上用虚假信息骗取捐款的,会构成犯罪吗

案例

杨某初中毕业后就外出打工,但每月收入只有 2000 多元,根本不够他的开销。在信用卡严重透支后,杨某偶然看到了某平台可以筹款,就动起了歪脑筋。杨某从网上下载了别人的住院病历、诊断证明书、检测报告单、收费票据等图片,篡改了图片上的信息,伪造成自己父亲患了脑癌的虚假信息,然后将该信息发布到“水滴筹”。杨某的筹款信息很快吸引了

善心人士捐款,共筹得 2 万余元。后来,有细心的网友发现,杨某上传的一张收据单存在 PS 痕迹,将该线索举报,“水滴筹”平台核实后随即报警。杨某的行为构成犯罪吗?

解析

杨某的行为已经构成了诈骗罪。杨某虚构事实骗取捐款的行为被揭露后,因涉嫌诈骗罪而被公安机关刑事拘留。之后,公诉机关对其提起了公诉,认为其以非法占有为目的,通过发布虚假内容骗取网友捐赠,数额较大,其行为已经触犯了《刑法》第 266 条的规定,构成了诈骗罪。法院经过审理后判决杨某犯诈骗罪,判处其有期徒刑 11 个月,并处罚金 8000 元。

编造虚假的信息来博取他人的同情,进而获得社会的捐赠,这就不仅是道德问题,而且涉及法律责任,甚至可能会触犯刑法,受到刑事处罚。俗话说:君子爱财,取之有道。通过劳动等正当方式获得的财富才是真正属于自己的。

第十一篇
金融诈骗要防范

▶ 1. 对方来电自称是公安局，说我涉嫌洗钱犯罪，须把钱转移到指定账户中，我该怎么判断对方是不是骗子

案例

小陈几天前接到一个自称是某市公安局的电话，说他涉嫌一起洗钱案件，涉案的团伙有300多人，小陈就是其中一个。对方还说，小陈名下的银行卡洗钱金额已经高达237万元，按照相关规定，会被判刑7年到10年。之后，对方让小陈配合公安机关作电话笔录。听到自己涉嫌犯罪，小陈早已经吓得慌了神，对方问什么他就说什么。作完笔录后，对方让小陈把所有的钱都转到公安机关的一个指定账户中，声称这是为了调查，查清楚之后会再转给他。小陈转账时，银行工作人员提醒他对方很可能是骗子，让他不要上当受骗。他该怎么判断对方是不是骗子？

解析

接到这种电话，对方肯定是骗子。

在此类诈骗案件中，骗子都是提前通过某种渠道获得了手机用户的个人信息，然后冒充警方掌握了他们“洗钱”或者“贩毒”的相关罪证，并要求对方配合调查，最后威胁接电话的人，将其存款转移到某个银行账户中，有的受害者接到的来电还显示为“110”，这种手法已经使很多人上当受骗。

“110”是接警指挥中心的电话，一般只能接不能打。公安机关是不会用“110”拨打市民电话的，如果侦查刑事犯罪案件，也不可能通过电话联系的方式了解具体案情。根据《公安机关办理刑事案件程序规定》(2020年7月修正)第198条的规定，讯问犯罪嫌疑人应当在公安机关执法办案场所的讯问室进行，即使是在紧急情况下，或者犯罪嫌疑人有严重伤病或者残疾、行动不便等的，也要在其住处或者医疗机构进行讯问。第

199 条第 1 款还规定,传唤犯罪嫌疑人时,应当出示传唤证和侦查人员的人民警察证,并责令其在传唤证上签名、捺指印。公安机关是不会进行"电话笔录"的。因此,如果接到所谓的"某某公安局"电话,并涉及个人账户及财产内容,基本可以确定就是诈骗电话。这时千万不要向对方透露自己的银行卡卡号及密码,更不能向对方指定的账号里汇钱。

2."猜猜我是谁",你到底是谁

案例

张某是一家公司的业务员,某天她接到一个陌生来电,对方说:"张某,猜猜我是谁?"张某一头雾水。随后对方又说:"咱们好久没联系了,最近怎么样?"听罢,张某觉得对方好像是正在合作的一个大客户的经理,两人之前是曾见过几面。张某试探地说出对方的姓名后,对方马上就承认了自己的"身份",并让她第二天来一趟自己公司。第二天上午,张某还没来得及去,突然又接到电话,称:"我现在在招呼一个领导,无法和你见面。"过了一会儿,对方又打来电话说要给领导送礼,自己手头没钱,向张某借一点钱。张某工作的公司正要扩大与该客户的合作,张某觉得这是个拉近关系的机会,就给对方转账 5 万元。钱转走之后,她才察觉有些不对劲,张某被骗了吗?

解析

张某肯定是被骗了。"猜猜我是谁"这种诈骗方式,是犯罪分子打电话联系受害人,让其猜身份,接着冒充受害人的亲友、同学、领导等,编造事由谎称急需现金,从而骗取钱财。有的骗子在充分掌握了受害人的基本信息后,冒充其领导打电话,直接叫出受害人的姓名、身份和单位,令受害人难以辨别真假。根据《刑法》第 266 条的规定,以非法占有为目的,虚构事实,欺诈他人,直接实施诈骗,骗取公民财物,诈骗数额巨大,或诈骗情节严重，其行为已构成诈骗罪。

为了避免上当受骗，大家首先应增强防骗意识，不要轻易将个人信息外泄，给不法分子以可乘之机。一旦接到索要钱财的电话，要认真分析，不要马上转账汇款。如果不慎被骗，应立即报警，同时采用错输密码的方式来冻结对方的账号，挽回自己的损失。

▶ 3. 某中介公司说，只要交纳少量的手续费就能申请到50万元额度的信用卡，这是骗局吗

案例

小林想在打工的城市买套房子，自己的积蓄加上家里凑的钱，买房子还有50万元的缺口，但是办理银行按揭贷款手续烦琐，而且，凭自己的条件恐怕也申请不下来。正当小林犯愁的时候，他在网上看到一则信息，某中介公司声称可以帮忙代办某国有银行的信用卡，额度为50万元，只需要一张身份证和1500元的手续费。这太方便了，又没有保证还款的抵押，小林当即按照对方的要求打了款并复印了身份证。当他等着信用卡到手的时候，中介公司打来电话说需要1万元服务费，因为这么大额度的信用卡，办卡公司也要承担风险。小林想了想，觉得这个说法也合理，就打给对方1万元。没想到，对方又打来电话说，卡已经做好了，但是中间出了一些小问题，引起了银行的怀疑，为了证明小林有还款能力，他还得往这张卡里存5万元保证金。对方一再强调，办卡之后钱和卡一并交给小林。小林觉得卡马上就能到手了，咬咬牙又汇款5万元。可是之后迟迟等不到信用卡，小林这才醒悟过来：自己不是被骗了吧？

解析

小林显然是被骗了。办理大额信用卡是有一整套程序规定的，需要申请人提供财产证明、收入证明等，经银行当地分行审核通过后上报，再

需要层层审批。像中介公司所称,只要身份证复印件和少量的手续费就可以办是根本不可能的。中国支付清算协会印发的《银行卡业务风险控制与安全管理指引》第35条第1款明确规定:"申领信用卡必须由申请人本人持其身份证件原件亲自办理,不允许其他个人代办(主卡持卡人代办附属卡除外);禁止单位代办信用卡(单位代办商务差旅卡和商务采购卡除外);法律法规另有规定的除外。"如果有人自称有特殊关系能办大额信用卡,不要轻信,否则很有可能上当受骗,信用卡没办下来,自己反倒被骗了不少钱。真的想办理大额信用卡的,一定要走正规程序。

▶ 4. 某投资公司在广告中声称,只要投资其项目就能有高额回报,真有这种好事吗

案例

小张在上班的路上收到了一家投资公司发放的宣传单,宣传单上介绍了公司的背景,是帮助某煤炭公司融资的中介机构。该公司承诺每个月有2%的利息收益,并且如果到期后煤炭公司不能还本,该投资公司将承担归还责任。投资10万元,每个月2%的利息,意味着什么都不做就能每月收入2000元。"躺着就能赚钱"的宣传让每天辛苦打工的小张不仅心动了,还行动了。他把自己积攒多年的10万元积蓄都拿了出来,刚开始,每个月的红利2000元均能准时打到他的账户中,但他刚领了两个月共计4000元后,所谓的红利就没了。小张赶紧到公司去查,结果发现老板早已"跑路",当初所谓的投资项目根本不存在,10万元最终缩水只剩4000元。坐等高额回报收益的投资项目能相信吗?

解析

近年来,一些投资担保、信息咨询、P2P网贷借贷等集资模式多了起来,在丰富了投资融资市场的同时,也隐藏了巨大风险。一些机构违反国

家法律规定，以承诺高额回报、保证本金收益、现场返现送礼等作为诱饵，向不特定人群吸收资金。而这些机构往往是虚构项目、以钱炒钱，一旦出现投资失败、资金链断裂等风险问题，极易发生关门停业、负责人携款"跑路"等情况，而投资人则血本无归，有些人甚至倾家荡产。

如果遇到宣传有高额回报的投资理财项目的情况，头脑一定要清醒。要坚信"天上不会掉馅饼"，对于"高额回报""快速致富"的投资项目要冷静分析，避免上当受骗。同时，要增强理性投资意识，要知道高回报就意味着高风险，不规范的经济活动更是风险难测。如果为了追求高回报而参与到了非法集资活动中，根据2021年5月1日起施行的《防范和处置非法集资条例》(2020年12月通过)第25条第3款的规定，"因参与非法集资受到的损失，由集资参与人自行承担"。参与者投入非法集资的资金以及相关利益更得不到法律的保护。

▶ 5. 朋友在微信上借钱，该怎么判断到底是不是他本人

案例

小张用微信聊天时，突然收到一个好友申请，附加信息里写的是一个朋友的名字。"我之前已经加过他了吧?"小张虽然疑惑，还是加了对方的微信。"之前我操作的时候误把你删了，现在重新加一下。"对方发来的解释，让小张不再怀疑。几天后，这个朋友发来一条信息，说要网购一样东西，但网上银行钱不够，希望小张能借一点钱，事后会当面还现金。对方要的数额也不多，500元。小张并未当回事，当即就给对方转了钱。几天后，小张因为咨询相关业务问题给这个朋友打电话，得知对方并没有向自己借钱，他才意识到自己被骗了。该怎么判断借钱的微信好友是不是本人?

解析

腾讯官方对于预防通过添加好友被骗给出的建议是,给好友们标注上“备注名”,以后对方无论怎么改名,都只会显示备注名,避免“以假乱真”。同时,防止微信被盗的一个办法是启用账号保护机制,用户进入微信选择“我”,点击头像进入个人信息界面,找到“我的账号”,根据提示绑定 QQ 号和手机号,启用账号保护即可。另外,当微信或者 QQ 上的好友借钱、汇款时,无论如何都应先打电话确认。

▶ 6. 原本到银行买理财产品,却买了保险,这还能退吗

案例

2014 年,李某在银行存钱时,一位理财经理向其推销了一款零存整取的理财产品,承诺只要每年定期存 1 万元,存满 5 年,不但能拿回本金和利息,而且还会有红利。李某听完后很心动,就在对方的合同上签了字,并将钱存到了指定的银行卡里。到了 2019 年,李某交够了 5 年,正好家里需要用钱,她就到银行去取本金、利息和红利,没想到银行的大堂经理拿出她的资料,说她买的不是理财产品,而是保险,让她看清楚保险单。看完后李某傻眼了:按照保险单上的规定,合同期满要等到 2065 年。如果现在要取钱,不仅没有利息,还要被扣 3000 元。李某觉得自己是稀里糊涂被骗了,现在想退掉这个产品,她还能退吗?

解析

由于李某购买的保险并非理财产品,所以即使她想退,也只能联系保险公司,银行是不能给她退的。而保险公司称,她买的保险产品要等到 75 周岁才能返还保费,如果现在就退保,她还需要承担违约责任,只能拿回 4 万多元。

近年来,像李某这样的遭遇并不在少数。消费者本来是在银行购买

理财产品的，却被误导购买了其他金融产品，尤其是保险产品。2019年中国银保监会办公厅发布的《商业银行代理保险业务管理办法》（银保监办发〔2019〕179号）第28条、第30条规定，要求银行工作人员在销售保险时详细告知客户保险的内容，如保险责任、退保费用等，并不得以中奖、抽奖、送实物、送保险、产品停售等方式进行误导或诱导消费者购买。但是，在实践操作中，仍然有很多保险推销员将保险产品伪装成银行的理财产品而向消费者推荐。

现在银行销售的各类理财和代销的保险产品层出不穷，对于消费者来说，要降低错误购买产品的风险，就要仔细看产品说明、关键凭证，如果对方推销的产品有下列特点，那就是保险，而不是理财产品：一是有定期利息，还免费赠送保险；二是存定期储蓄，还有健康保障功能；三是这是存款产品，类似零存整取，还有分红。如果发现已经被误导购买了保险产品，可以在保险业务办理后的15个自然日内进行犹豫期退保，即可确保无资金损失。

第十二篇
违法犯罪的事不能干

1. 想带烟花爆竹回家过年，能带上车吗

案例

李某过年回家，准备给孩子带些礼物，于是花了120元买了烟花爆竹。李某知道长途客车上是不容许携带烟花爆竹的，但是抱着侥幸心理，想闯过安检，结果还是被安检查出。在交通工具上携带烟花爆竹会受到什么处罚？

解析

《治安管理处罚法》第30条规定："违反国家规定，制造、买卖、储存、运输、邮寄、携带、使用、提供、处置爆炸性、毒害性、放射性、腐蚀性物质或者传染病病原体等危险物质的，处十日以上十五日以下拘留；情节较轻的，处五日以上十日以下拘留。"

烟花爆竹具有易燃易爆的特点，李某在长途客车上携带烟花爆竹，对其他乘客等不特定多数人的生命财产安全构成严重威胁，一旦发生爆炸，必将造成严重后果，因此在火车、汽车、地铁等公共交通工具上携带烟花爆竹等易燃易爆物品是法律所禁止的，如果携带必将受到法律的制裁。公安机关没收了李某的烟花爆竹，并对他处以拘留6日的治安处罚。李某不仅浪费了钱，还耽误了行程。

2. 为防身带了把弹簧刀，地铁安检的时候却被没收了，能要回来吗

案例

小王为了防身在地摊上买了一把弹簧刀。一天，他在携带弹簧刀乘坐地铁时，被地铁安检人员发现，并交由公安机关处理。小王解释说，弹簧刀是用来防身的，并没想用来害人，自己也不知道地铁里不能携带，而

且他以为弹簧刀不属于管制刀具。小王能要回弹簧刀吗?

解析

根据公安部印发的《管制刀具认定标准》第 1 条的规定,管制刀具包括:

(1)匕首:带有刀柄、刀格和血槽,刀尖角度小于 60 度的单刃、双刃或多刃尖刀。

(2)三棱刮刀:具有 3 个刀刃的机械加工用刀具。

(3)带有自锁装置的弹簧刀(跳刀):刀身展开或弹出后,可被刀柄内的弹簧或卡锁固定自锁的折叠刀具。

(4)其他相类似的单刃、双刃、三棱尖刀:刀尖角度小于 60 度,刀身长度超过 150 毫米的各类单刃、双刃和多刃刀具。

(5)其他刀尖角度大于 60 度,刀身长度超过 220 毫米的各类单刃、双刃和多刃刀具。

小王所携带的匕首应当认定为管制刀具,是禁止在地铁等公共场所携带的。

依据《治安管理处罚法》第 32 条的规定,“非法携带枪支、弹药或者弩、匕首等国家规定的管制器具的,处五日以下拘留,可以并处五百元以下罚款;情节较轻的,处警告或者二百元以下罚款。非法携带枪支、弹药或者弩、匕首等国家规定的管制器具进入公共场所或者公共交通工具的,处五日以上十日以下拘留,可以并处五百元以下罚款”。《公安机关人民警察现场制止违法犯罪行为操作规程》第 42 条第 1 款规定:“违法犯罪行为人携带毒品、淫秽物品等违禁品或者管制刀具、武器、易燃、易爆、剧毒、放射性等危险物品的,公安民警应当依法予以扣押或者收缴。”后来公安机关对小王处以治安拘留 7 日的处罚,他的弹簧刀也依法被没收。

3. 倒卖车票会受到什么处罚

案例

在某车站售票大厅里，一名高个男子与排队旅客搭讪引起了便衣民警的注意。经过一番讨价还价后，该男子接过了男旅客的身份证，并掏出自己随身携带的现金和证件后插队买票。当该男子买完票和旅客进行交易时，民警将其控制。当场缴获300元现金和一张动车车票(票面价值189元)。该男子交代，他是加价50元钱卖给男旅客的。倒票会受到什么处罚？

解析

火车票只能由铁路部门或者经铁路部门授权的代售点出售，其他任何人私自倒卖火车票的行为都是违法的，依照《治安管理处罚法》第52条第3项的规定，对伪造、变造、倒卖车票、船票、航空客票、文艺演出票、体育比赛入场券或者其他有价票证、凭证的，处10日以上15日以下拘留，可以并处1000元以下罚款；情节较轻的，处5日以上10日以下拘留，可以并处500元以下罚款。该男子因涉嫌非法倒卖火车票，被铁路公安部门处以14天治安拘留。

4. 街头有人低价卖高档手机，能买吗

案例

小林的朋友人手一部最新款高档手机，让他羡慕不已，可自己刚工作不久，舍不得花五六千元买。一次他在逛街时，身边的人突然拿出了一部高档手机，问：“要不要？刚来的新货，1500！”小林拿到手里看，看样子像是真的，但是，天上掉馅饼的好事真的让自己碰到了？这手机能买吗？

解析

这手机小林不能买。

第一种情况：小林交钱后，卖手机的人说要取回手机卡(或者别的什么理由)，然后当他把手机拿回来的时候乘势调包一个模型，小林就用1500元买了一个手机模型。

第二种情况：小林交钱后，突然出现第三个人说他的手机不见了，还“刚刚好”看到你手里的手机并质问你手机从哪里来。小林或许会发现其实他们是一伙的，但是钱要不回来了，手机还得“还”给人家。

第三种情况：小林交钱了，买的也真的是正品的手机，但这是卖家从别人那里偷来的赃物。如果明知是赃物而收购，有可能面临什么处罚？如果收购的赃物价值数额较小，依据《治安管理处罚法》第59条的规定，可能面临500元以上1000元以下罚款；情节严重的，处5日以上10日以下拘留，并处500元以上1000元以下罚款。如果收购的赃物数额较大，有可能构成《刑法》第312条规定的掩饰、隐瞒犯罪所得、犯罪所得收益罪，处3年以下有期徒刑、拘役或者管制，并处或者单处罚金；情节严重的，处3年以上7年以下有期徒刑，并处罚金。

5. 对治安处罚决定不服的，该向哪个部门申诉

案例

耿某与韩某产生纠纷并打了起来，导致韩某轻微伤。公安机关决定对耿某处以行政拘留5日的处罚。耿某对此处罚不服，应该怎么办？

解析

首先，耿某对治安管理处罚决定不服的，可以依据《治安管理处罚法》第102条的规定依法申请行政复议。根据《行政复议法》第9条、第12条、第31条的规定，耿某应当自知道公安机关作出治安处罚行政行为

的60日内,可以向公安部门所属的本级人民政府申请行政复议,也可以向作出行政处罚公安部门的上级机关申请行政复议。复议机关应当自受理申请之日起60日内作出复议决定。情况复杂的,经过复议机关负责人批准,可以延长,但是延长期限最多不超过30日。

其次,耿某如果对复议决定还不服的,根据《行政诉讼法》第45条的规定,可以在收到复议决定书之日起15日内向人民法院提起行政诉讼。如果复议机关逾期不作决定的,耿某可以在复议期满之日起15日内直接向人民法院提起诉讼。

最后,根据《行政诉讼法》第46条的规定,耿某也可以不经过复议,在知道公安机关作出治安处罚行政行为的6个月内,向作出行政处罚公安部门所在地的法院直接提起行政诉讼。

6. 在火锅底料中添加罂粟壳,是违法行为吗

案例

小张打工攒了一些钱后,开了一家"味美火锅店",由于火锅行业竞争激烈,他的生意一直不怎么好。一天,他和朋友谈起火锅生意时听朋友介绍,在火锅底料中添加罂粟壳粉,可以提高火锅的口味,吸引食客。小张兴冲冲地就去买了半斤罂粟壳,回到家后,他将罂粟壳捣碎,然后放入自己熬制的火锅汤料内。一个食客在吃火锅时发现了疑似罂粟壳的东西后将其举报,随后小张被公安机关抓获。小张的行为违法吗?

解析

小张的行为不仅违法,而且已经触犯了刑法,要受到刑事处罚。《刑法》第144条规定:"在生产、销售的食品中掺入有毒、有害的非食品原料的,或者销售明知掺有有毒、有害的非食品原料的食品的,处五年以下有期徒刑,并处罚金;对人体健康造成严重危害或者有其他严重情节的,处

五年以上十年以下有期徒刑,并处罚金;致人死亡或者有其他特别严重情节的,依照本法第一百四十一条的规定处罚。”小张因为在火锅底料中添加了有毒的罂粟壳粉,法院以生产、销售有毒有害食品罪判处其有期徒刑1年6个月,并处罚金1万元。

罂粟是违禁品,罂粟提炼后的主要成分是吗啡,易使人体产生瘾癖,对人体肝脏、心脏有毒害作用,国家早就明文禁止在食品中添加罂粟及其衍生品,不仅任何人不得销售和在食品中添加,就连农村个人零星种植也是不允许的。

7. 醉酒驾驶会被判刑吗

案例

王某过年回老家期间,和朋友晚上聚会时喝了几瓶啤酒,朋友原本想帮他找代驾,但王某觉得饭店距离自家不过两公里,自己喝几瓶啤酒不至于出事,因此怀着侥幸心理开车回家。当他驾车行驶至某路口时,被交警拦下检查,经鉴定王某当时血液中的酒精含量为129.9mg/ml,远高于醉酒驾驶80mg/ml的标准。王某醉酒驾车会被判刑吗?

解析

《刑法修正案(八)》第22条规定,醉酒驾车行为构成犯罪。醉酒驾驶机动车,无论情节是否恶劣、是否造成后果,都将按照“危险驾驶”定罪,处以拘役,并处罚金。同时,《道路交通安全法》第91条也规定,饮酒后驾驶机动车的,处暂扣6个月机动车驾驶证,并处1000元以上2000元以下罚款;醉酒驾驶机动车的,由公安机关交通管理部门约束至酒醒,吊销机动车驾驶证,5年内不得重新取得机动车驾驶证。

根据《车辆驾驶人员血液、呼气酒精含量阈值与检验》(国家标准GB/T 19522—2010),驾驶人每100毫升血液中的酒精含量大于(等于)

20 毫克，同时小于 80 毫克的，属于饮酒后驾车；每 100 毫升血液中酒精含量大于(等于)80 毫克的，属于醉酒驾车。王某的行为已经达到醉酒驾驶的标准，由于没有造成重大的交通事故，应当按照危险驾驶罪追究其刑事责任，后来法院以危险驾驶罪判处王某拘役两个月。

如果王某醉酒后，在公共道路上高速飙车，威胁不特定多数人的生命、财产安全，或者酒后驾车时发生了交通事故后，王某仍高速行驶或驾车逃逸，放任危害公共安全的结果发生，由于其逃逸行为已经危害到了不特定人的公共安全，应当以危险方法危害公共安全罪追究其刑事责任。

▶ 8. 如果买东西时不慎换到了假币，该怎么处理

案例

范某在工地打工，平时在工地上吃饭，周末就到附近的小馆子吃点好的。某天在饭馆吃完饭后，范某就往工地走，顺便在路边买盒烟。店主拿着范某给的 50 元钱，仔细看了看，又用验钞机验了一遍，告诉他这是假的。范某回想后，认定假钱肯定是饭馆找给自己的，但他去对质的时候，饭馆服务员却坚决不承认。范某觉得懊丧，又觉得不能吃这个亏，打算把假钱混到真钱里面，晚上拿出去花了。范某的行为会构成犯罪吗？

解析

顾客在消费时如果不慎换到了假币，应立即就近送交银行鉴定，并向公安机关和银行举报及提供有关详情，协助破案。按照《中国人民银行假币收缴、鉴定管理办法》第 6 条的规定，银行发现或收到假币时，必须当着持有人的面在假币上加盖“假币”戳记印章，同时开具统一格式的《假币收缴凭证》给持有人，并将所收假币登记造册，妥善保管。

国家禁止出售、购买、运输、持有、使用伪造或变造的人民币。明知是假人民币却持有或使用，数额较少的，属于违法行为，根据《人民银行法》

第43条的规定,“购买伪造、变造的人民币或者明知是伪造、变造的人民币而持有、使用,构成犯罪的,依法追究刑事责任;尚不构成犯罪的,由公安机关处十五日以下拘留、一万元以下罚款”。

如果持有、使用假人民币数额较大的,则会构成犯罪。《刑法》第172条规定:“明知是伪造的货币而持有、使用,数额较大的,处三年以下有期徒刑或者拘役,并处或者单处一万元以上十万元以下罚金;数额巨大的,处三年以上十年以下有期徒刑,并处二万元以上二十万元以下罚金;数额特别巨大的,处十年以上有期徒刑,并处五万元以上五十万元以下罚金或者没收财产。”关于量刑的具体标准,最高人民法院《关于审理伪造货币等案件具体应用法律若干问题的解释》第5条规定,“数额较大”,是指总面额在4000元以上不满5万元的;“数额巨大”,是指总面额在5万元以上不满20万元的;“数额特别巨大”,是指总面额在20万元以上的。

因范某使用的假币数量较少,被公安机关处以5日拘留、罚款2000元。

▶ 9. 捡到他人信用卡后自己使用,会构成犯罪吗

案例

张某捡到一个钱包,里面有身份证和两张信用卡。通过身份证号码,张某试出了两张信用卡的密码,之后张某分别从两张信用卡内提取4000元和6000元。受害人收到银行的取款短信通知后,发现钱包丢失,马上报警。但等到警察将张某抓获时,张某手中只剩下1400元,其余已被挥霍。张某会构成犯罪吗?

解析

张某冒用他人信用卡的行为已构成犯罪。

《刑法》第196条规定,有下列情形之一,进行信用卡诈骗活动,数额

较大的,处5年以下有期徒刑或者拘役,并处2万元以上20万元以下罚金;数额巨大或者有其他严重情节的,处5年以上10年以下有期徒刑,并处5万元以上50万元以下罚金;数额特别巨大或者有其他特别严重情节的,处10年以上有期徒刑或者无期徒刑,并处5万元以上50万元以下罚金或者没收财产:(1)使用伪造的信用卡,或者使用以虚假的身份证明骗领的信用卡的;(2)使用作废的信用卡的;(3)冒用他人信用卡的;(4)恶意透支的。恶意透支,是指持卡人以非法占有为目的,超过规定限额或者规定期限透支,并且经发卡银行催收后仍不归还的行为。

根据最高人民法院、最高人民检察院《关于办理妨害信用卡管理刑事案件具体应用法律若干问题的解释》第5条的规定,"数额较大",是指金额在5000元以上不满5万元的;"数额巨大",是指金额在5万元以上不满50万元的;"数额特别巨大",是指金额在50万元以上的。

张某冒用他人的信用卡,取走卡内1万元的行为已经构成了信用卡诈骗罪,被法院判处有期徒刑2年,并处罚金人民币15,000元。

如果捡到他人信用卡后使用但情节轻微不构成犯罪的,比如,数额不足5000元的,可以由公安机关处15日以下拘留、5000元以下罚款。另外,即使捡到信用卡不使用或者达不到5000元的定罪标准的,但非法持有他人信用卡5张以上不满50张的,也会构成"妨害信用卡管理罪",会受到刑事处罚。

▶ *10*. 被骗或者被强迫加入传销组织,该怎么办

案例

陈某参加了一个传销组织,他在网上聊天时认识了一个刚来本地打工的姑娘彭某,便以其所在公司搞联谊的名义诱骗彭某来见面。彭某应约来到这里,陈某将其手机骗到手,并将其带回住处。之后,陈某以上课为名,对彭某进行"洗脑",企图诱骗其加入该传销组织并购买该公司的

产品。为防止彭某逃走,陈某将小客厅的房门关上,坐在门口守住。彭某趁陈某熟睡之时,推开窗户跳下,由于楼层太高,彭某不幸坠楼身亡。被骗或者强迫加入传销组织后,该怎么样安全脱身?

解析

《禁止传销条例》第1条明确规定,传销是法律明令禁止的违法活动,然而,有些人为了能"一夜暴富",私下里仍然"改头换面"以其他名义进行传销活动。如果被骗或者被强迫加入了传销组织,要头脑冷静地想办法脱身,千万不要像彭某这样心急之下跳楼逃走,否则可能造成伤亡后果。

首先,不要心急地想着跑,传销组织必定会安排人24小时跟着你。其次,一旦发现自己进入传销组织,不要硬碰硬地说报警之类的话,这样只能让对方更防备你,先假意顺应对方的话,尽可能地把钱、身份证和手机之类的留在身边,一旦有机会了就赶紧报警。报警的时候要选择警察容易辨认的地方、人多的地方,不要在偏僻的地方报警,否则警察还没来你就被打了。

另外,被骗加入传销的往往都是通过网上聊天,以邀请过来旅游、找工作、投资项目等名目为幌子。因此,网上聊天一定要注意安全,不要轻易见陌生网友。

11. 对方欠钱不还,将其扣留不放会受到刑事处罚吗

案例

王某做生意因资金不足向同村的朋友李某借了4万元,答应不久后就连本带息如数归还。可是,直到次年春节,王某都没有还钱,李某家中有急事用钱便向王某索要,但王某以暂时没钱推脱,避而不见。一天,李某的朋友偶然看见了王某,李某得知后,赶过去堵住了王某。李某怕王某

再次跑掉,便将其带回家中,并且用铁链一头套住王某,另一头拴在农用三轮车上,把王某困在驾驶室里近20个小时,直到王某打欠条后才将其放出。李某这种行为会受到刑事处罚吗?

解析

欠债还钱本是天经地义,但索要欠债也须依法。李某没有通过合法的途径索要欠款,反而盲目采取“私力救济”,将王某非法拘禁,在追索合法债务的同时,却侵害了他人的人身权利,触犯了刑律。《刑法》第238条规定:“非法拘禁他人或者以其他方法非法剥夺他人人身自由的,处三年以下有期徒刑、拘役、管制或者剥夺政治权利。具有殴打、侮辱情节的,从重处罚。犯前款罪,致人重伤的,处三年以上十年以下有期徒刑;致人死亡的,处十年以上有期徒刑。使用暴力致人伤残、死亡的,依照本法第二百三十四条、第二百三十二条的规定定罪处罚。为索取债务非法扣押、拘禁他人的,依照前两款的规定处罚……”

王某报警后,李某被公安机关抓获。法院以非法拘禁罪,判处被告人李某有期徒刑10个月,缓刑1年。

需要注意的是,为索取债务非法拘禁他人的,是否会构成犯罪,还要从被害人是否有过错,索取的是合法之债还是非法之债,限制被害人人身自由的程度,限制人身自由的持续时间,以及是否造成了严重后果等几个方面来综合考虑。

12. 收买被拐卖的妇女儿童也是犯罪吗

案例

吴某在贾某的家具厂打工时,贾某说他认识一个女孩,问吴某要不要女朋友,吴某当天下午就见到了被贾某从山区拐骗来的姑娘陈某。吴某与贾某商谈买卖陈某的价格,最终以1万元成交。当晚,吴某强行与陈某发生了性关系。陈某在吴某家居住生活期间曾3次试图逃跑,均被吴某拦下。陈某第四次成功逃离后,到当地公安局派出所报警,后吴某、贾某被抓获归案,吴某是否构成犯罪?

解析

《刑法》第241条第1款至第4款规定,收买被拐卖的妇女、儿童的,同样构成犯罪,处3年以下有期徒刑、拘役或者管制。收买被拐卖妇女,强行与其发生性关系的,构成强奸罪,与收买被拐卖妇女罪数罪并罚。收买被拐卖的妇女、儿童,非法剥夺、限制其人身自由或者有伤害、侮辱等犯罪行为的,构成非法拘禁罪、故意伤害罪或者侮辱罪,与收买被拐卖妇女儿童罪数罪并罚。

特别要注意的是,在《刑法修正案(九)》实施之前,虽然有收买被拐卖的妇女、儿童的行为,但不阻碍其返回原居住地,对被收买儿童没有虐待行为,不阻碍对其进行解救的,可以不追究刑事责任。但是,《刑法修正案(九)》第15条将该规定修改为:“收买被拐卖的妇女、儿童,对被买儿童没有虐待行为,不阻碍对其进行解救的,可以从轻处罚;按照被买妇女的意愿,不阻碍其返回原居住地的,可以从轻或者减轻处罚。”因此,只要是收买被拐卖的妇女、儿童的,一律要定罪处罚,只是在上述情形下可以从轻或者减轻处罚。

吴某收买被拐卖妇女的行为触犯了刑事法律,在陈某要求回家时,吴某强行阻拦,并且强行与陈某发生性关系,已经构成强奸罪,后来吴某被人民法院以收买被拐卖的妇女罪、强奸罪,数罪并罚,判处其有期徒刑3年6个月。

▶ 13. 亲友犯罪后为其提供隐蔽处所，或者帮助其逃跑，会受到什么处罚

案例

李某驾驶一辆拖拉机载其父行驶到某路口时，闯红灯将行人杨某撞倒，致杨某颅脑损伤合并失血性休克而死亡。事故发生后，李某的父亲对他说："你还年轻，咱俩都有驾驶证，就说是我开车撞的人，我替你顶着。"于是，李某的父亲支走儿子，自己留在事故现场。经交警部门认定，李某的父亲负本次事故的全部责任。后来经事故调查，交警发现当时是李某开的车，他的父亲会受到什么处罚？

解析

《刑法》第310条规定："明知是犯罪的人而为其提供隐藏处所、财物，帮助其逃匿或者作假证明包庇的，处三年以下有期徒刑、拘役或者管制；情节严重的，处三年以上十年以下有期徒刑。犯前款罪，事前通谋的，以共同犯罪论处。"

李某违反交通运输管理法规，驾驶机动车辆发生交通事故，造成一人死亡的重大事故，应负事故的全部责任，其行为已构成交通肇事罪。李某的父亲明知儿子驾车发生交通事故，却为了使其逃避法律追究而向公安机关隐瞒真相，谎称自己是交通事故的肇事者，其行为已构成包庇罪，被法院判决其有期徒刑1年。

▶ 14. 网上发表言论有什么法律限制吗

案例

胡某是一名"90后"，刚刚被招聘为镇执法中队的合同工，可他对这份工作并不满意。胡某希望能出人头地、受到别人的追捧，可是在现实生

活中,这种梦想基本不可能实现,胡某就把希望寄托在了网络上。他在网络上编造了某执法中队队员参赌的信息。信息一经发布,立即就有上千次浏览和几百次转发。正当胡某享受虚拟世界中的关注时,公安机关经技术侦查,发现了他是网上发布信息的幕后操手。胡某的行为会触犯法律吗?

解析

网络技术的进步和普及,极大地方便了信息的沟通和交流,然而,网络上并不是法外之地,如果无端捏造事实诽谤他人或者造谣惑众的,同样会受到法律的惩罚。

最高人民法院和最高人民检察院发布的《关于办理利用信息网络实施诽谤等刑事案件适用法律若干问题的解释》,对利用信息网络实施诽谤、寻衅滋事、敲诈勒索、非法经营等刑事案件适用法律的具体问题作了规定。

该解释第1条规定,具有下列情形之一的,即可被认定为刑法"诽谤罪"中"捏造事实诽谤他人"的情节:(1)捏造损害他人名誉的事实,在信息网络上散布,或者组织、指使人员在信息网络上散布的;(2)将信息网络上涉及他人的原始信息内容篡改为损害他人名誉的事实,在信息网络上散布,或者组织、指使人员在信息网络上散布的。如果明知是捏造的损害他人名誉的事实,在信息网络上散布,情节恶劣的,也以"捏造事实诽谤他人"论处。

根据该解释第2条、第4条的规定,利用信息网络诽谤他人,具有下列情形之一的,应当被认定为"诽谤罪"中"情节严重"的情形:(1)同一诽谤信息实际被点击、浏览次数达到5000次以上,或者被转发次数达到500次以上的;(2)造成被害人或者其近亲属精神失常、自残、自杀等严重后果的;(3)2年内曾因诽谤受过行政处罚,又诽谤他人的;(4)其他情节严重的情形。1年内多次实施利用信息网络诽谤他人行为未经处理,诽谤信息实际被点击、浏览、转发次数累计计算构成犯罪的，也应当依法定罪处罚。

该解释第5条、第6条规定，利用信息网络辱骂、恐吓他人，情节恶劣，破坏社会秩序的，依照寻衅滋事罪定罪处罚。编造虚假信息，或者明知是编造的虚假信息，在信息网络上散布，或者组织、指使人员在信息网络上散布，起哄闹事，造成公共秩序严重混乱的，以寻衅滋事罪定罪处罚。以在信息网络上发布、删除等方式处理网络信息为由，威胁、要挟他人，索取公私财物，数额较大，或者多次实施上述行为的，依照敲诈勒索罪定罪处罚。

该解释第7条规定，违反国家规定，以营利为目的，通过信息网络有偿提供删除信息服务，或者明知是虚假信息，通过信息网络有偿提供发布信息等服务，扰乱市场秩序，以非法经营罪定罪处罚。

胡某在网络上编造执法中队队员参赌、领导贪腐的虚假信息，属于诽谤他人的情形，但该信息尚未达到浏览5000次以上或者转发500次以上，因此尚不构成诽谤罪，胡某被公安机关处以10日的行政拘留。

▶ 15. 吃野味也犯法吗

案例

王某在一家小饭馆当厨师，他和老板都爱吃野味，老板专门从各处收购稀罕野物，王某负责加工，做好后他俩自己吃，也做成菜品卖给相熟的人。有客人在这里看到穿山甲后向有关部门举报了店老板和王某，但两人觉得自己并没有猎杀，吃野味难道也犯法吗？

解析

老板和王某为了食用而购买野生动物及其制品，也是违法的。

《野生动物保护法》第30条规定："禁止生产、经营使用国家重点保护野生动物及其制品制作的食品,或者使用没有合法来源证明的非国家重点保护野生动物及其制品制作的食品。禁止为食用非法购买国家重点保护的野生动物及其制品。”第 49 条规定:“违反本法第三十条规定,生产、经营使用国家重点保护野生动物及其制品或者没有合法来源证明的非国家重点保护野生动物及其制品制作食品,或者为食用非法购买国家重点保护的野生动物及其制品的,由县级以上人民政府野生动物保护主管部门或者市场监督管理部门按照职责分工责令停止违法行为,没收野生动物及其制品和违法所得,并处野生动物及其制品价值二倍以上十倍以下的罚款;构成犯罪的,依法追究刑事责任。”

无论是法律上还是卫生方面,人人都应杜绝食用野味,保护野生动物,才能更好地保护我们自己。

第十三篇
保护环境
人人有责

1. 保护环境，在平时生活中应该注意些什么

案例

小王每天下班回家后，习惯把屋里的灯全部打开。小王妈妈每次都跟着又把灯关上，只留客厅的灯，还唠叨说他浪费电。小王嘟囔说："这几盏灯能浪费多少电?"我们在日常生活中，为保护环境该注意些什么呢？

解析

与小王有一样想法的人肯定不少，尤其是年轻人，觉得自己浪费的只是一点点，对环境能有多大影响？节省下来，又能对环境有多大改善？要知道，积少成多，聚沙成塔，注意点滴的环保"小事"，累积起来就是环保"大事"了。

保护环境，就要从自己做起，从身边做起。

(1)我们洗脸、洗手时常常让水龙头的水一直哗哗地流，一多半的水其实都是白白流走了，可以使用节水龙头来减少水量，或者在水池子里放一个盆子，接下的水可以用来冲厕所。

(2)就餐使用的一次性筷子要大量消耗各类木材与竹子，尽量不用。我们可以带一些个人餐具在包包里，小巧的不锈钢筷子既美观还卫生，也方便携带。

(3)喝剩的瓶装水、吃剩的饭菜和瓜果不只是浪费，还会导致生活垃圾增多，增加污染源。自己在家做饭，要按照家人饭量来做，尽量不剩；外出就餐的，也要量力点菜，宁可少吃也不要剩下，努力实践"光盘行动"。

(4)超市购物袋可以反复使用，尽量减少塑料制品的使用，减少塑料对环境的污染。

(5)有私家车的，也尽可能乘坐公共交通工具，增加个人活动量，减

少废气排放。

(6)外出时要随手关灯,在家里也要减少不必要的用电,节省电力是每个人对减少碳排放的责任。

(7)自然界的野生动植物正在急剧减少,野生动植物不仅是人类的"朋友",更是我们生活的生物屏障,我们要做到不食用野生动物。

此外,我们要尊重环卫工人的劳动成果,不要乱扔垃圾、随地吐痰,碎玻璃、碎碗碟要用胶条缠起来后再扔到垃圾桶里。

2. 垃圾为什么要分类

案例

小王以前是这样处理垃圾的:食品外包装、废纸盒、废电池、剩菜剩饭、擦嘴用过的纸巾等,统统扔到一个垃圾桶里,然后一股脑都倒进楼下的垃圾箱里。现在政府推行垃圾分类,小王觉得很麻烦,垃圾反正都要扔掉,还要搞什么分类?

解析

为什么要对垃圾进行分类?因为垃圾太多了,无论是掩埋还是焚烧,都会造成巨大的环境污染。而且,对于大都市来说,任何地方都不适合掩埋,因为会污染土壤、地下水与河流,当农民用被污染的水种蔬菜,最终污染物又回到我们的身体中。垃圾分类则能够最大限度地减少浪费和污染,因为绝大多数生活垃圾都是可以回收利用的,而有害垃圾,如温度计、过期药、化学品等,数量是非常少的。如果将垃圾进行分类,能够回收利用的重新利用,不能回收的再进行下一步处理,城市的垃圾会减少一大半。而要达到这一目标,垃圾分类就是最关键的一步。

住房和城乡建设部等部门印发《关于进一步推进生活垃圾分类工作的若干意见》(建城〔2020〕93 号)在第 1 条"指导思想"中提出:"以习近平

新时代中国特色社会主义思想为指导，深入贯彻习近平生态文明思想，全面贯彻党的十九大和十九届二中、三中、四中、五中全会精神，按照党中央、国务院决策部署，坚持以人民为中心的发展思想，落实新发展理念，按照高质量发展要求，坚持党建引领，坚持共建共治共享，深入推进生活垃圾分类工作，提高生活垃圾减量化、资源化、无害化水平，为建设美丽中国作出贡献。”现在不同省市根据各自的情况都在逐步推进垃圾分类工作，比如，《北京市生活垃圾管理条例》第34条规定，生活垃圾分为4种：厨余垃圾、可回收物、有害垃圾和其他垃圾，产生生活垃圾的单位和个人应当分类投放。小王原先一股脑扔在一个垃圾桶里的垃圾，应该按照不同的种类进行区分，比如，剩饭剩菜是厨余垃圾，废纸盒是可回收物，废电池是有害垃圾，其他的则是其他垃圾。

目前，违反垃圾分类相关规定被处罚的，大多数是餐馆、酒店、商场、超市、物业单位等责任单位，尚没有对家庭或个人的处罚，但对于个人来说，做好垃圾分类是顺手而为的小事，却能够大大地造福环境，是所有人都应该提倡的行为。

▶ 3. 哪些严重污染环境的行为可能构成刑事犯罪

案例

某化工有限公司与某矿业有限责任公司签订了《购买盐酸合同》，约定由该矿业公司免费提供盐酸，并每吨补贴100元，化工公司负责运输销售盐酸。为了赚取运输补贴费，化工公司法人南某伙同、指使公司员工郭某、王某，向河道倾倒工业废盐酸55车，共计2877吨。当南某等人被公安机关抓获的时候，他们以为自己交点罚款就能了事，没想到却被法院判了刑。哪些严重污染环境的行为构成刑事犯罪？

解析

南某等人故意排放有毒物质,严重污染环境,已经构成刑事犯罪。《刑法》第338条规定,违反国家规定,排放、倾倒或者处置有放射性的废物、含传染病病原体的废物、有毒物质或者其他有害物质,严重污染环境的,处3年以下有期徒刑或者拘役,并处或者单处罚金;情节严重的,处3年以上7年以下有期徒刑,并处罚金。2016年最高人民法院、最高人民检察院《关于办理环境污染刑事案件适用法律若干问题的解释》对"严重污染环境"的情形界定为:

(1)在饮用水水源一级保护区、自然保护区核心区排放、倾倒、处置有放射性的废物、含传染病病原体的废物、有毒物质的;

(2)非法排放、倾倒、处置危险废物3吨以上的;

(3)排放、倾倒、处置含铅、汞、镉、铬、砷、铊、锑的污染物,超过国家或者地方污染物排放标准3倍以上的;

(4)排放、倾倒、处置含镍、铜、锌、银、钒、锰、钴的污染物,超过国家或者地方污染物排放标准10倍以上的;

(5)通过暗管、渗井、渗坑、裂隙、溶洞、灌注等逃避监管的方式排放、倾倒、处置有放射性的废物、含传染病病原体的废物、有毒物质的;

(6)2年内曾因违反国家规定,排放、倾倒、处置有放射性的废物、含传染病病原体的废物、有毒物质受过两次以上行政处罚,又实施前列行为的;

(7)重点排污单位篡改、伪造自动监测数据或者干扰自动监测设施,排放化学需氧量、氨氮、二氧化硫、氮氧化物等污染物的;

(8)违法减少防治污染设施运行支出100万元以上的;

(9)违法所得或者致使公私财产损失30万元以上的;

(10)造成生态环境严重损害的;

(11)致使乡镇以上集中式饮用水水源取水中断12小时以上的;

（12）致使基本农田、防护林地、特种用途林地5亩以上，其他农用地10亩以上，其他土地20亩以上基本功能丧失或者遭受永久性破坏的；

（13）致使森林或者其他林木死亡50立方米以上，或者幼树死亡2500株以上的；

（14）致使疏散、转移群众5000人以上的；

（15）致使30人以上中毒的；

（16）致使3人以上轻伤、轻度残疾或者器官组织损伤导致一般功能障碍的；

（17）致使1人以上重伤、中度残疾或者器官组织损伤导致严重功能障碍的；

（18）其他严重污染环境的情形。

▶ 4. 做买卖的时候能使用高音喇叭招揽顾客吗

案例

小孙是一家服装店的员工，为了招揽顾客，小孙在店门口摆设音箱全天播放摇滚音乐，震耳欲聋的音乐严重影响周围居民生活。附近居民给服装店提意见，要求其降低音量，服装店店主和小孙却对此听而不闻，不理不睬。服装店的做法对吗？

解析

服装店这么做不仅是错误的，还是违法的。《社会生活环境噪声排放标准》规定，在居住、商业、工业混杂区，环境噪声标准值白天为60分贝，夜间为50分贝。

《环境噪声污染防治法》第44条第1款明文规定，禁止在商业经营活动中使用高音广播喇叭或者采用其他发出高噪声的方法招揽顾客。违反该规定造成环境噪声污染的，由公安机关责令改正，可以并处罚款。《治安管理处罚法》第58条规定,违反关于社会生活噪声污染防治的法律规定,制造噪声干扰他人正常生活的,给予警告处分;警告后不改正的,处200元以上500元以下罚款。

5. 垃圾杂物能够露天焚烧处理吗

案例

小刘每天坐公交车去单位上班,经常见到沿途有人焚烧垃圾。有的居民是在商店门口扫了一堆垃圾,就地焚烧;有的是废品回收站的工作人员把没用的废品就地焚烧;还有一个大垃圾场,垃圾多了也会进行集中焚烧处理。垃圾焚烧之后确实少了很多,可是焚烧产生的烟尘又臭又呛人,小刘每次见到焚烧垃圾都不得不用手捂着口鼻。垃圾能露天焚烧处理吗?

解析

垃圾焚烧不但污染空气,焚烧产生的有毒气体也危害居民身体健康,法律是严禁在人口集中地区露天焚烧垃圾的。《大气污染防治法》第82条规定,禁止在人口集中地区和其他依法需要特殊保护的区域内焚烧沥青、油毡、橡胶、塑料、皮革、垃圾以及其他产生有毒有害烟尘和恶臭气体的物质。

如果违反上述规定,在人口集中地区和其他依法需要特殊保护的区域内,焚烧沥青、油毡、橡胶、塑料、皮革、垃圾以及其他产生有毒有害烟尘和恶臭气体的物质的,由县级人民政府确定的监督管理部门责令改正,对单位处1万元以上10万元以下的罚款,对个人处500元以上2000元以下的罚款。

▶ 6. 在城市打算开饭店，要注意哪些环境卫生要求

案例

张某想开一家餐馆。在筹措启动资金和办理各种证件的时候，张某一直考虑的都是餐馆怎么布置、菜品怎么设计才能吸引人，压根没有考虑餐厅也会有环境污染的问题。直到有邻居投诉他餐厅后厨烟道排放设置不合理，油烟容易进入住宅楼里，张某才意识到这个问题。那么，开一家餐馆都需要注意哪些环境保护要求？

解析

从事餐饮服务业，必须要注意到油烟、污水、噪声等可能污染环境的问题。

首先，要注意油烟排放。《大气污染防治法》第 81 条规定，排放油烟的餐饮服务业经营者应当安装油烟净化设施并保持正常使用，或者采取其他油烟净化措施，使油烟达标排放，并防止对附近居民的正常生活环境造成污染。原国家环境保护局、国家工商行政管理局下发的《关于加强饮食娱乐服务企业环境管理的通知》第 2 部分第 1 条规定，饮食企业必须设置收集油烟、异味的装置，并通过专门的烟囱排放，禁止利用居民楼内的烟道排放。专用烟囱排放的高度和位置，应以不影响周围的居民生活环境为原则。

其次，要注意污水排放。该通知第 2 部分第 6 条规定，严格限制在无排水管网处兴办产生和排放污水的饮食服务企业。污水排入城市排污管网的饮食服务企业，应安装隔油池或采取其他处理措施，达到当地城市排污管网进水标准。其产生的残渣、废物，不得排入下水道。污水直接排入周围水体的，应当经过处理达到国家和地方规定的污水排放标准，并经当地环境保护行政主管部门许可，方可排放。

再次,要注意烟尘污染。如果餐饮服务业是使用燃煤锅炉的,根据该通知第2部分第2条的规定,必须使用型煤或其他清洁燃料,烧煤的炉灶必须配装消烟除尘器,禁止原煤散烧。排放的烟尘,应达到国家和地区规定的排放标准。

最后,要注意噪声污染。饭馆是人流较大的场所,各种噪声污染也是需要注意的。特别是“楼上住人、楼下开店”的,夜间如果有人推杯换盏、大声喧哗,肯定会让楼上住户不胜其烦。因此,如果是在居民楼下、小区内或者距离居住区不远的地方开饭店,要注意夜间的营业时间。

▶ 7. 看到有环境污染行为想举报,又担心被报复,法律对举报者有哪些保护措施

案例

小陈在外打工期间,租住在城郊接合部的一个村子里。近些年,周围陆续盖起很多工厂,每天空气中都有刺鼻的怪味,喝的水也从清澈透明变成了浑浊的黄色,小陈向房东和村里人打听,得知这都是工厂排放的污水、废气导致的。村民们不知道该怎么办,小陈就帮助他们向有关部门进行举报,可是没过几天小陈和领头的村民就遭到了来历不明的人的威胁。法律对于这些举报环境违法行为的居民都有哪些保护措施?

解析

生存的环境出现了严重的污染问题,小陈和村民当然有举报的权利,法律对举报人也有相应的保护性规定。

《宪法》第41条第1款规定,中华人民共和国公民对于任何国家机关和国家工作人员,有提出批评和建议的权利;对于任何国家机关和国家工作人员的违法失职行为,有向有关国家机关提出申诉、控告或者检举的权利,但是不得捏造或者歪曲事实进行诬告陷害。《刑法》第254条规定的

报复陷害罪、第308条规定的打击报复证人罪，都对打击报复举报人规定了刑事制裁措施。

最高人民检察院《关于保护公民举报权利的规定》第5条规定，任何单位和个人不得以任何借口对公民的举报，进行阻拦、压制、刁难或打击报复。第6条规定，以各种手段和借口侵害举报人及其亲属、假想举报人的合法权益的，按打击报复论处。第7条规定，对打击报复举报人的案件应认真受理，经调查确属打击报复的，视情节轻重，区别性质，分别作出处理：(1)国家工作人员滥用职权、假公济私，对举报人实行报复陷害构成犯罪的，应依法立案侦查，追究责任人的刑事责任。(2)以各种形式打击报复举报人不构成犯罪的，应向其所在单位的上一级主管部门提出检察建议，严肃处理。第8条规定，确因受打击报复而造成人身伤害及名誉、财产、经济损失的，举报人可依法要求赔偿，或向人民法院起诉，请求损害赔偿。

8. 举报环境污染行为后，环保部门不作为的，该怎么办

案例

小胡租房的附近新建了一家污水处理厂，小胡不堪废水、噪声的困扰，多次向环保部门投诉，但一直没有任何回信。他该怎么办？

解析

小胡向环保部门举报环境污染后，在合理期限内如果环保部门没有采取相应措施，他就可以向法院提起行政诉讼，起诉环保部门不作为。这样可以向环保部门施加法律压力，督促其尽快对环境污染的举报进行调查并作出处理。

小胡还可以根据《政府信息公开条例》第10条、第13条的规定，向政府部门申请信息公开，申请公开污水处理厂的相关行政许可文件。如果

污水处理厂的某些行政许可文件中存在违法行为,则可以提起行政诉讼,这也可以作为一种督促行政机关履行职责的方式。

此外,《环境保护法》在2014年修订后,全国多个省份开始试点检察机关提出环保公益诉讼的改革,也就是检察机关可以作为原告起诉环保部门不作为。因此,如果环保部门不作为的,小胡还可以向检察机关投诉,通过检察机关来督促环保局履行职责。

9. 因污染环境被处罚,对处罚不服的该怎么办

案例

彭某在外打工攒了些钱,回到村里办了一个生猪养殖场。该养殖场于2013年投入生产使用,但是没有办理环保审批手续,县环保局曾向其下达责令限期整改通知书,但是彭某并没有理会。2014年,环保局对彭某作出了行政处罚决定书,根据《畜禽规模养殖污染防治条例》的规定决定对其罚款6万元。彭某认为,自己的养殖场建于《畜禽规模养殖污染防治条例》实施之前,该条例仅适用于新建、扩建的养殖场,因此自己的养殖场不属于其管理的范围之内;而且,该养殖场已经被当地政府列入养殖整治拆除范围,还有什么必要再去整改?彭某对处罚不服,应该怎么办呢?

解析

根据新修订的《行政处罚法》(2021年1月修订)第7条的规定,公民、法人或其他组织对行政机关所给予的行政处罚不服的,有权依法申请行政复议或提起行政诉讼。《环境行政处罚办法》第54条也规定,环境保护行政管理部门在作出处罚决定书时,应当书面告知被处罚人,如不服行政处罚决定的,可以申请行政复议或者提起行政诉讼,并应当告知提起的途径和期限。

彭某不服该行政处罚决定，向市环境保护局提起了行政复议申请，但环保局一直没有作出答复，彭某就向法院提起了行政诉讼。法官经过审理后认为，《畜禽规模养殖污染防治条例》自 2014 年 1 月 1 日起施行，彭某经营的养殖场建设于 2013 年，早于该条例施行日期，根据《立法法》第 93 条的规定，该条例不应适用于其施行前存在的违法行为。而且，环保局首次发现彭某没有办理环评手续时，该养殖场已经纳入了政府养殖整治拆除的范围，即将限期拆除，环保局要求即将关闭、拆除的养殖场补办环评手续，不具有必要性和可行性，因此法院撤销了环保局作出的行政处罚决定书。

▶ 10. 居住地附近有工厂排放废气，该怎么维权

案例

某市周边地区建了大型的原料药生产基地，租住在附近的林某的孩子最近反复咳嗽，总也治不了根，医生诊断后认为，孩子呼吸系统比较弱，附近药厂排放的废气，很可能是造成孩子咳嗽、呼吸困难的"元凶"。林某了解到住在这里的很多孩子和老人都有类似症状，那么他们该怎么维权？

解析

环境污染严重危害老百姓的身体健康，《民法典》第 1229 条规定："因污染环境、破坏生态造成他人损害的，侵权人应当承担侵权责任。"第 1230 条规定："因污染环境、破坏生态发生纠纷，行为人应当就法律规定的不承担责任或者减轻责任的情形及其行为与损害之间不存在因果关系承担举证责任。"但由于环境污染证据难固定等原因，维权过程较困难。因此，因环境污染引发的侵权诉讼，一定要注意收集证据。

如果发现身边有污染后，首先，要注意收集、固定身边污染证据。比如，发现河里的水变了颜色，家中的井水变色变味，要及时用手机、录像机

等设备拍摄照片或者录制视频,收集污染物和初步证据。如果没有录音录像设备,要及时找当地环保部门来调查取证。

其次,如果居民感觉身体不适或者有疾病,要及时到医院就医。如果很多人出现一样的群体性病症,最好到同一家医院找同一个医生就诊,这样可以形成一致的诊断,作出基本诊断结论,对将来的诉讼有利。

最后,掌握初步证据后,可以向当地环保部门等行政机关、环保公益组织举报,由其进行深入调查、鉴定,也可以委托有资质的鉴定机构进行鉴定。

当地环保部门确定了污染事实,就可以依据职权对污染企业或个人进行行政处罚。受害人收集初步证据、有了医疗诊断和鉴定结论,也可以直接向法院起诉污染企业要求民事赔偿,环保公益组织则可以依法向法院提起环境民事公益诉讼。无论是向环保机关举报,还是向法院起诉,应尽量采取书面形式。

▶ 11. 因环境污染提起的诉讼,可以提出哪些请求

案例

由于父母病重、孩子无人照管,在外打工的孙某辞工回了家乡,从村里人手里租了承包地,挖了鱼塘搞养殖。养殖场刚刚有些起色,没想到附近新建的一家化工厂的废水污染了孙某承包的鱼塘,造成养殖的鱼死亡,直接经济损失高达15万元。孙某对该化工厂提起民事诉讼,但是孙某不太清楚,自己除可以主张造成的直接经济损失外,还可以提出哪些民事请求?

解析

首先,因环境污染而提起的民事诉讼中,如果受害人因污染的环境遭受人身损害的,可以根据《民法典》第1179条、最高人民法院《关于审理人身损害赔偿案件适用法律若干问题的解释》(2021年1月1日起施行)

第6条至第17条的规定主张赔偿,其中包括:

因就医治疗支出的各项费用以及因误工减少的收入,包括医疗费、误工费、护理费、交通费、住院伙食补助费、必要的营养费,赔偿义务人应当予以赔偿;

受害人因伤致残的,其因增加生活上需要所支出的必要费用以及因丧失劳动能力导致的收入损失,包括残疾赔偿金、残疾辅助器具费、被扶养人生活费,以及因康复护理、继续治疗实际发生的必要的康复费、护理费、后续治疗费,赔偿义务人也应当予以赔偿;

受害人死亡的,赔偿义务人除应当根据抢救治疗情况赔偿相关费用外,还应当赔偿丧葬费、被扶养人生活费、死亡补偿费以及受害人亲属办理丧葬事宜支出的交通费、住宿费和误工损失等其他合理费用。

其次,由于环境污染造成人身伤害的,受害人或死者的近亲属依照《民法典》第1183条、最高人民法院《关于确定民事侵权精神损害赔偿责任若干问题的解释》(2020年12月修正)第1条、第5条的规定,可以提出精神损害赔偿。

最后,如果因环境污染导致财产损害的,根据《民法典》第1184条的规定,受害人可以提出的赔偿包括以下三个方面:

(1)直接经济损失,是指由于环境污染直接造成设施的破坏、产量或质量下降所引起的损失,该损失一般是可以用市场价格来计算的。(2)间接经济损失,是指环境污染侵害受害人所有的财物,致使受害人在一定范围内的未来财产利益的损失。(3)恢复到损害前状态所需要的费用。

孙某因化工厂违规排放废水导致鱼塘中的鱼大量死亡,孙某的损失属于财产损失,可以主张3项赔偿:一是造成的直接经济损失15万元;二是由于鱼尚未到捕获的季节,还可以继续长大,这些鱼长大以后多收入的部分是孙某的预期收入,该预期收入是间接经济损失;三是因为鱼塘被污染,将鱼塘恢复到污染以前需要花费一定的费用,该费用即是上述的第三项损失。

第十四篇 解决纠纷的途径

▶ 1. 发生纠纷后,都有哪些途径可以解决

案例

2016 年 3 月,王某入职某服装公司当导购,被公司派驻到城区的一家百货公司的专柜工作。2018 年 1 月 29 日,公司突然给她下达了《员工调岗通知书》,将包括她在内的 4 名员工调到郊区的一家商场工作,由于新的工作地点离家较远,王某当时就表示不愿意。过了 4 天后,公司下达了《终止劳动合同通知书》,认为王某不服从公司管理,因此终止双方的劳动合同,并且没有任何补偿。王某觉得公司这么做太过分了,但是不知道有什么办法可以解决这个问题。

解析

发生纠纷后,通常有以下几种解决办法:

(1)协商。协商就是争议双方就纠纷进行沟通。但是协商不一定有结果,特别是在已经产生纠纷的情况下,各方对自己的主张都会有些偏执,因此,仅仅是双方自己协商,往往很难达成和解。协商不是一个法定的程序,所以发生纠纷后,双方可以选择协商,也可以不协商,选择其他途径。

(2)调解。调解,是指双方选择的任何愿意介入并主持解决纠纷的第三方进行居中调解的纠纷解决方式。第三方可以是双方共同的朋友、双方委托的律师,也可以是《人民调解法》中规定的"人民调解委员会";如果是劳动者与用人单位之间发生的劳动争议,还可以请求《劳动争议调解仲裁法》第 10 条中提到的企业劳动争议调解委员会、依法设立的基层人民调解组织和在乡镇、街道设立的具有劳动争议调解职能的组织进行调解。无论是哪种调解,都要以双方自愿为前提。

(3)仲裁。协商和调解,都是当事人自由选择的、非正式的解决办

法,如果达不成一致的,就只能通过强制解决纠纷的仲裁或诉讼来解决了。

仲裁有两种模式,一种是民事仲裁,根据《民事诉讼法》第 124 条第 2 项、最高人民法院《关于适用〈中华人民共和国民事诉讼法〉的解释》第 215 条的规定,要通过仲裁解决纠纷,必须是双方事先就在签订的合同中明确选择了仲裁的方式,并且要约定明确的仲裁机构。约定不明确的,或者既选择了仲裁又选择了诉讼的,往往导致仲裁条款无效,双方只能通过诉讼来解决纠纷。通过仲裁解决的,一般是合同纠纷。仲裁是一裁终局,裁决一旦作出就发生法律效力,除违反法律规定等特殊情形外,对裁决不服的不能再起诉。

另一种是劳动争议仲裁,根据《劳动争议调解仲裁法》第 5 条的规定,劳动者与用人单位发生争议后,必须先经过劳动仲裁,对仲裁裁决不服的,才能向法院起诉。因此,解决劳动争议时,仲裁是强制性的程序。

(4)诉讼。诉讼就是通常说的打官司,根据《民事诉讼法》第 21 条和第 34 条的规定,在一般情况下,原告要在被告住所地的法院起诉。如果是合同纠纷,双方可以在合同中事先约定诉讼的管辖法院,比如,可以选择被告住所地、合同履行地、合同签订地、原告住所地和标的物所在地的法院管辖。

如果是劳动者与用人单位之间发生的劳动争议,双方中的任何一方对劳动争议仲裁委员会作出的裁决不服的,都可以向法院起诉,根据最高人民法院《关于审理劳动争议案件适用法律问题的解释(一)》第 3 条的规定,劳动争议案件由用人单位所在地或者劳动合同履行地的基层人民法院管辖。劳动合同履行地不明确的,由用人单位所在地的基层人民法院管辖。法律另有规定的,依照其规定。需要注意的是,如果是一裁终局的仲裁案件,劳动者对仲裁裁决不服的,仍然可以直接向法院起诉;单位对裁决不服的,则只能向中级人民法院申请撤销裁决。

王某可以先与公司进行协商,还可以求助律师帮忙调解。如果调解也没有效果，就只能申请劳动仲裁来维权。如果王某对仲裁裁决不服的，还可以到法院起诉。

▶ 2. 发生纠纷后可以找居委会调解吗

案例

小东从小与奶奶生活在农村，上小学后，父母不想让他再当"留守儿童"，就接到了身边上学。小东来到一个陌生的环境，对学校和同学都有点隔阂，有的同学就阴阳怪气模仿小东的家乡口音，还给他起绰号。一次，小东在课堂上答题说错话被人嘲笑，几个同学在放学后冲他冷嘲热讽，小东就和他们打了起来，把几个孩子打得鼻青脸肿。孩子家长来找学校，有的还声称要将学校和小东父母一起告到法院。小东父母觉得孩子之间打架之事最好能调解解决，不要闹上法庭。他们可以寻求哪些组织进行调解？

解析

调解分为诉讼中调解和诉讼外调解，诉讼中调解，就是案件在审理过程中，由法官主持的调解；诉讼外调解则是在有关组织、机关或者个人的主持下，在诉讼之外解决双方当事人之间的民事纠纷的活动。我们通常所说的调解，一般是指诉讼外的调解。

发生争议后，当事人可以找双方信赖的朋友或者律师主持调解，也可以找人民调解组织进行调解。根据《人民调解法》第7条、第8条的规定，人民调解委员会是依法设立的调解民间纠纷的群众性组织，村委会、居委会都需要设立人民调解委员会；企业事业单位根据需要也可以设立人民调解委员会；根据需要还可以设立一些区域性、行业性的人民调解委员会。

调解的前提是双方自愿，如果有一方明确拒绝调解的，那就不能调解了。如果调解成功，可以在第三方的主持下，达成调解协议，调解协议可以是口头的,也可以是书面的,建议还是采用书面形式较好,可以将调解的内容固定下来。根据最高人民法院《关于人民调解协议司法确认程序的若干规定》第1条、第8条、第9条的规定,当事人经人民调解委员会达成调解协议的,可以自调解协议生效之日起30日内共同向法院申请司法确认,法院经审查认为调解协议符合确认条件的,作出确认决定书。调解协议经司法确认后,一方当事人拒绝履行或者未全部履行的,对方当事人可以向作出确认决定的人民法院申请强制执行。

3. 发生纠纷后双方自行和解的,可以反悔吗

案例

刘某跟着包工头魏某在某羽毛球场馆安装灯具。由于脚手架绑扎不牢,刘某从7米高摔了下来,导致双足跟粉碎性骨折。魏某支付了住院费,之后就不愿再承担任何责任。为了得到赔偿,刘某起诉了包工头魏某以及承包该工程的公司。在开庭之前,魏某突然给刘某打电话,提出要私了解决。双方协商几次之后,最终达成了和解协议:魏某再出1万元,刘某从法院撤诉。可是撤诉之后,魏某却迟迟不给钱,刘某追问他,他却说没钱了。刘某能拿着和解协议要求法院执行吗?

解析

和解,是双方以平等协商、相互让步的方式和平地解决纠纷的方式,与调解最大的不同,就是和解是纠纷当事人自行解决的,而调解是在第三方主持下解决的。由于和解是双方自行达成的纠纷解决协议,所以性质上仍然是一种合同,对于双方当事人具有合同的约束力。双方均应当按照和解协议的内容履行义务,任何一方如果反悔不履行协议的,另一方就可以起诉到法院,要求对方履行。

在本案中,魏某假意提出私下和解,签订和解协议之后却没有给钱,

此时刘某只能到法院起诉,要求魏某履行协议。刘某在拿到法院的胜诉判决之后可以申请强制执行,但不能直接要求法院执行和解协议的内容。

为了防止在和解协议签订后另一方不履行义务,最好在签订协议时就要求对方支付赔偿款。如果对方确实无法立即支付的,也应要求其交付一部分款项,并在协议中约定违约责任,这样才能确保自身利益不受损害。

4. 维权有时间限制吗

案例

小张在打工期间与工友小李关系不错,后来小李去了别处工作,两人还一直保持了联系。某天,小李说家人住院急需3万元,小张立即给他转账了3万元,由于事情紧急,小张并未让小李打欠条,而小李在借钱时也没说何时还钱,只是表示会尽快。3年多过去了,小李只字未提还钱的事,却经常在朋友圈里晒旅游照、美食照,这让小张非常恼火,他打电话给小李,要求对方还钱。听到让自己还钱,小李开始"哭穷",让小张再等等。小张想起诉小李还钱,可他听说诉讼时效只有3年,他还能起诉吗?

解析

维权确实是有时间限制的,在法律上叫作"诉讼时效",如果在诉讼时效期间内没有起诉的,法律就不再保护你的权利了。根据《民法典》第188条的规定,普通诉讼时效是3年,法律另有规定的,依照其规定;诉讼时效最长不得超过20年。

诉讼时效从什么时候开始算?《民法典》第188条规定,从知道或者应当知道权利被侵害时开始计算。比如,你买的商品坏了,或者你因交通事故而受伤,诉讼时效就从商品坏了、身体受伤之日起开始计算。小张借给小李3万元钱,也应当适用3年的诉讼时效的规定。但是,该从什么时候计算?是从小张借钱的时候算吗?不是的。小张借钱的时候,并不知道小李将来不还钱,因此不能于此时开始计算时效。根据司法实践,如果借条上没有写明还款时间的,债权人有权随时要求对方履行债务,但应当给对方必要的准备时间。比如,小张在某天向小李提出还钱,小李说3天后还,但是3天后并没有还钱,那么诉讼时效就从3天后小李违约的时候开始计算。

另外,诉讼时效还有中止、中断的规定,《民法典》第194条规定,在诉讼时效期间的最后6个月内,如果有不可抗力或者其他障碍不能行使请求权的,诉讼时效中止。从时效中止的原因消除之日起,诉讼时效期间继续计算6个月。比如,小张在得知小李不还钱后,突发脑出血住院治疗,无法起诉,此时就可以适用中止的规定,小张意识清醒后再继续计算诉讼时效。《民法典》第195条规定,诉讼时效的中断,是指因诉讼、当事人一方提出要求或者同意履行义务而中断。从中断、有关程序终结时起,诉讼时效期间重新计算。比如,小张起诉后,小李表示愿意还钱,小张因此而撤诉,但小李并未还钱,小张再次起诉的时候,诉讼时效就从上次起诉之日起重新计算。

5. 什么是证据

案例

小王在一家货运公司当司机,由于与主管发生纠纷而被辞退,没有得到任何补偿。小王对此很不甘心,咨询律师该怎么打官司要求赔偿。律师询问他有什么证据,小王回答说,自己手里有拉货时的货运单,虽然原件都被公司收走了,但自己留下了复印件。复印的货运单能作为证据使用吗?

解析

证据就是能够证明案件事实的材料。根据《民事诉讼法》第63条的规定，民事证据有8种类别：当事人陈述、书证、物证、视听资料、电子数据、证人证言、鉴定意见和勘验笔录。当事人向法庭提交的这些证据材料，必须经过双方质证、法庭查证属实后，才能作为认定事实的根据。

小王手里的货运单属于书证的一种。《民事诉讼法》第70条第1款规定，书证应当提交原件，物证应当提交原物，提交原件或者原物确有困难的，可以提交复制品、照片、副本、节录本。小王没有原件，他只能提交复印件，他可以在法庭上要求单位提交原件来印证该证据材料。要注意，只提交复印件很可能败诉，根据最高人民法院《关于民事诉讼证据的若干规定》（2019年10月修正）第90条规定，无法与原件核对的复印件，是不能单独作为认定案件事实的依据的，因此还要尽可能地收集其他证据，如工友的证人证言、工资打卡记录、与领导的通话录音等。

6. 怎样收集证据

案例

张某在家人的“包办”下认识了一个姑娘，两人很快确定了恋爱关系并结婚。婚后两口子一起外出打工，生活在一起后张某才发现两个人的性格和生活习惯有很多不同，妻子性格活泼，喜欢交朋友，喜欢和朋友出去唱歌、逛街；张某的性格则比较沉闷。张某常常因为妻子晚回家而生气，两人也从小吵发展到大吵，后来张某对妻子拳打脚踢。妻子实在忍无可忍，决定起诉离婚，她该怎么证明自己受到了家庭暴力呢？

解析

最高人民法院《关于民事诉讼证据的若干规定》第1条规定：“原告向人民法院起诉或者被告提出反诉，应当提供符合起诉条件的相应的证据。”“谁主张谁举证”是基本的证据规则，对于家庭暴力案件也是一样的。但是，不同的案件收集证据有不同的侧重，我们以家庭暴力案件为例,来说明怎样收集证据。

一旦家庭暴力或者其他纠纷发生,当事人必须尽早收集和保存相关证据,否则错过时机就很可能会导致证据被毁损或者消失,没有了证据,自己的权利就难以得到保障。

(1)证人证言。证人证言属于《民事诉讼法》第 63 条规定的证据种类之一。发生家庭暴力时有可能被其他人看到,比如,父母、朋友、保姆、邻居,或者小区的保安等,如果他们曾目睹了家庭暴力的发生,那就要尽早和他们沟通,也可以委托律师对其做调查笔录。

(2)在家庭暴力发生后,如果曾经报过警,那么警方就会有出警记录,会有对施暴者和受害人分别进行的询问笔录。这些内容就是非常有利的证据,如果自己无法取得,可以在起诉后申请法院调取。根据最高人民法院《关于民事诉讼证据的若干规定》第 20 条的规定,当事人及其诉讼代理人申请人民法院调查收集证据,应当在举证期限届满前提交书面申请。申请书应当载明被调查人的姓名或者单位名称、住所地等基本情况、所要调查收集的证据名称或者内容、需要由人民法院调查收集证据的原因及其要证明的事实以及明确的线索。

(3)在遭受家庭暴力后要及时到医院就诊,医院的诊断证明和治疗凭据,也是可以作为家庭暴力的证据的。如果身体受到的伤害很严重,还可以对伤情进行司法鉴定。诊断证明、治疗凭据、司法鉴定书,都是可以证明家庭暴力发生的书证。

(4)如果受害人曾向居委会、村委会或者妇联投诉过,这些机构也可以出具书证证明。

(5)如果受害者与施暴者之间曾经在发生暴力时有过争吵或者通话,都可以将其进行录音,通话录音可以证明施暴者的行为。

(6)发生家庭暴力后,如果对方曾写过保证以后决不再发生暴力行为的保证书、承诺书之类的书面材料的,也可以作为证据。

(7)被殴打后,还可以拍摄照片或者录像,通过视频资料来证明曾遭受过暴力。

不同的案件有不同特点，取证的方法也会不同。但无论哪种取证方式，都必须要及时、迅速，取证的过程要合法。如果不清楚自己可以收集哪些证据，可以咨询律师或其他专业人士。

▶ 7. 偷拍的视频可以作为证据吗

案例

小霞与张某经自由恋爱结婚。婚后3年，双方因生活琐事经常吵架，感情也逐渐疏远。小霞偶然在张某的微信中发现他与一名女子有暧昧聊天的记录，张某说该女子是他的高中同学，两人只是在网上聊聊天，没有别的事。小霞对此却并不相信，她有意跟踪张某并拍到了张某与一名女子在自己家中的不雅视频。小霞此后提起了离婚诉讼，提出张某有不正当男女关系，并以偷拍到的视频作为证据。张某认为，该视频是小霞偷拍的，侵犯了他和那名女子的隐私权，因此不能作为证据使用。小霞拍摄的视频可以作为证据吗？

解析

小霞拍摄的视频是可以作为证据使用的。根据《民事诉讼法》第63条的规定，视听资料是法律规定的证据种类之一，是指利用录音、录像等技术手段反映的声音、图像以证明案件事实的证据。最高人民法院《关于适用〈中华人民共和国民事诉讼法〉的解释》（2020年修正）第106条规定："对以严重侵害他人合法权益、违反法律禁止性规定或者严重违背公序良俗的方法形成或者获取的证据，不得作为认定案件事实的根据。"因此，人民法院在审核、认定证据时，需根据该条规定排除非法证据。在该案中，法院会根据具体案情来审查小霞偷拍的视频是否属于严重侵害他人合法权益或者严重违背公序良俗的证据，如果认定，就属于非法证据,必须排除此类证据的证据效力。

在该案中,法院认为,小霞在自己家中安装录像设备不存在严重侵犯第三人隐私的情形,其偷拍偷录的目的是维护自身权益,因此对她提供的视频的证据效力和证明力予以确认。但需要注意的是,如果小霞将摄像头安装在第三者家中,或者安装在公共场所,这些偷拍偷录的视频就可能会侵犯他人合法权益或者违背公序良俗,被法院认定为非法证据。

8. 应该去哪儿申请行政复议或者提起行政诉讼

案例

刘某在一家餐馆打工,主要负责打扫厨厕卫生。一天下午,刘某打扫完厨房后,觉得身体不舒服,就到旁边的库房找了个地方休息。快到晚上的时候,工友才发现刘某身体冰凉,经检查为突发心脏病死亡。刘某的丈夫陈某提出了工伤认定申请,社会保险行政部门在向用人单位调查时,单位负责人声称刘某的工作是打扫厨厕,她在仓库是在休息,不算工作时间。社会保险行政部门因此下发了不予认定工伤的通知。陈某认为,刘某不仅打扫厨厕,还要负责整理仓库,当天下午她刚刚打扫完厨房,只是工作间歇的休息,应当属于工作期间死亡的。陈某对社会保险行政部门的决定不服,他该怎么办?

解析

陈某可以向上一级社保行政部门或者本级人民政府申请行政复议,也可以直接到法院提起行政诉讼。

根据《行政复议法》第 2 条的规定,公民、法人或者其他组织认为具体行政行为侵犯其合法权益的,有权向行政机关提出行政复议申请。该法第 12 条、第 13 条规定,对县级以上地方各级人民政府工作部门的具体行政行为不服的，由申请人选择，可以向该部门的本级人民政府申请行政复议，也可以向上一级主管部门申请行政复议；对地方各级人民政府的具体行政行为不服的，向上一级地方人民政府申请行政复议。但法律有特别规定的，应当依照法律规定执行。该法第 9 条规定，提起行政复议的申请时限是 60 日，从申请人知道该具体行政行为之日起开始计算；如果法律规定的申请期限超过 60 日的，则按照法律规定的执行。如果由于不可抗力或者其他正当理由耽误法定申请期限的，申请期限自障碍消除之日起继续计算。

《行政诉讼法》第 2 条第 1 款规定，公民、法人或者其他组织认为行政机关和行政机关工作人员的具体行政行为侵犯其合法权益的，可以向法院提起行政诉讼。该法第 44 条规定，行政诉讼可以是在复议之后提起，也可以直接提起；但如果法律规定行政复议是行政诉讼的前置条件的，则必须先经过复议才能提起诉讼。该法第 45 条规定，如果是先经过行政复议，对复议决定不服的，可以在收到复议决定书之日起 15 日内向法院起诉；第 46 条规定，如果是直接向法院提起诉讼的，应当在知道作出具体行政行为之日起 6 个月内提出。

9. 诉讼都有哪些阶段及不同案件的诉讼费是多少

案例

小王结婚后，原本在外打工的夫妻两人决定回到老家生活，他们准备在县城买套房子，小王的父母给了 20 万元帮他们凑首付。两年后，小王发现丈夫有外遇，决定离婚，夫妻两人对于如何分房产有了分歧。丈夫认为应该将房屋折价后，由两人平分；小王则认为，自己父母当初资助了 20 万元房款，必须先扣除后，再平分。由于无法达成一致意见，小王决定通过法律途径解决，但她对打官司完全不了解，不知道走哪些程序，而且她听说诉讼费要按照争议金额的一定比例交纳，那自己是不是要交很多钱?

解析

《民事诉讼法》第10条规定,我国法院审理民事案件实行两审终审制度,也就是一个案件经过两级人民法院审理后即告终结。该法第199条规定,对二审法院的生效判决仍然不服的,只能通过再审程序来纠正,但再审并不是法律规定的必经程序,而且启动再审程序也并不容易,只有判决确实有错误的,才能启动。

提起民事诉讼之后,通常会有3个阶段:第一个阶段是起诉,在这个阶段,原告要向法院递交起诉书以及相关证据材料,法院接受相关材料并进行审查后,认为符合法律规定的,作出受理决定并立案;认为不符合的,则告知不予受理。立案之后进入第二个阶段即答辩,法院自立案之日起5日内将原告的起诉书副本送达被告,并告知被告有权在收到之日起15日内作出书面答辩;当然,被告也可以放弃答辩,这不会影响案件的审理。第三个阶段是开庭审理,这是诉讼的实质性阶段,主要是审查证据,查明案情,分清是非,确认双方当事人的权利义务。在这一阶段,法官通常会主持调解,如果双方达成一致意见,法官会制作民事调解书,调解书自双方当事人签字之后即发生法律效力,一方不履行义务的,另一方可以直接申请法院强制执行;如果双方未达成一致意见,法官会对案件进行判决。对判决不满的,任何一方当事人自收到判决书之日起15日内,可以向上一级法院上诉。

根据《诉讼费用交纳办法》第13条的规定,诉讼费根据案件的性质而有不同的计算方式:

(1)普通财产案件的,要根据诉讼请求的金额(起诉时要求对方支付的数额)多少来确定诉讼费(如表1所示):

表 1　诉讼费计算方式

诉讼请求的金额	诉讼费
不超过 1 万元	每件交纳 50 元
超过 1 万元至 10 万元的部分	按照 2.5% 交纳
超过 10 万元至 20 万元的部分	按照 2.0% 交纳
超过 20 万元至 50 万元的部分	按照 1.5% 交纳
超过 50 万元至 100 万元的部分	按照 1.0% 交纳
超过 100 万元至 200 万元的部分	按照 0.9% 交纳
超过 200 万元至 500 万元的部分	按照 0.8% 交纳
超过 500 万元至 1000 万元的部分	按照 0.7% 交纳
超过 1000 万元至 2000 万元的部分	按照 0.6% 交纳
超过 2000 万元的部分	按照 0.5% 交纳

某个案件的诉讼费具体是多少，要根据上面所列，按照不同的阶段分别计算，然后累加。

(2) 离婚案件每件交纳 50 元至 300 元。涉及财产分割，财产总额不超过 20 万元的，不另行交纳；超过 20 万元的部分，按照 0.5% 交纳。

(3) 侵害姓名权、名称权、肖像权、名誉权、荣誉权以及其他人格权的案件，每件交纳 100 元至 500 元。涉及损害赔偿，赔偿金额不超过 5 万元的，不另行交纳；超过 5 万元至 10 万元的部分，按照 1% 交纳；超过 10 万元的部分，按照 0.5% 交纳。

(4) 其他非财产案件每件交纳 50 元至 100 元。

(5) 知识产权民事案件，没有争议金额或者价额的，每件交纳 500 元至 1000 元；有争议金额或者价额的，按照财产案件的标准交纳。

(6) 劳动争议案件每件交纳 10 元。

(7) 商标、专利、海事行政案件每件交纳 100 元；其他行政案件每件交纳 50 元。

(8) 当事人提出案件管辖权异议，异议不成立的，每件交纳 50 元至

100 元。

《诉讼费用交纳办法》第 20 条、第 29 条规定,诉讼费由原告在起诉时(上诉人在上诉时)先预交,经审理后由败诉方负担;如果判决是部分胜诉、部分败诉的,法院会根据案件的具体情况决定当事人各自负担的诉讼费用数额。如果是经调解达成协议的案件,该办法第 31 条、第 33 条规定,诉讼费用由双方当事人协商解决,协商不成的,由法院决定;同样地,离婚案件诉讼费用也是由双方当事人协商解决,协商不成的,由法院决定。

▶ 10. 什么是司法救助

案例

徐某由于家庭贫困,不到 20 岁就外出打工。在工地施工时徐某不慎被砸伤,包工头支付了住院费后就不管不问了。在法律援助律师的帮助下,徐某搜集了相关的证据,准备向法院提起诉讼,要求包工头和违法分包的公司承担责任。立案之前,考虑到徐某家庭贫困,律师建议他申请司法救助,徐某符合司法救助的条件吗?他该怎么申请?

解析

司法救助,是指人民法院对于当事人为维护自己的合法权益,向法院提起民事、行政诉讼,但经济确有困难的,实行诉讼费用的缓交、减交或免交。

第一,根据《诉讼费用交纳办法》第 45 条的规定,当事人如果符合下列情形之一的,法院应当准予免交诉讼费用:残疾人无固定生活来源的;追索赡养费、扶养费、抚育费、抚恤金的;最低生活保障对象、农村特困定期救济对象、农村五保供养对象或者领取失业保险金人员,无其他收入的;因见义勇为或者为保护社会公共利益致使自身合法权益受到损害,本人或者其近亲属请求赔偿或者补偿的;确实需要免交的其他情形。

第二,根据该法第46条的规定,当事人符合下列情形之一的,法院应当准予减交诉讼费用:因自然灾害等不可抗力造成生活困难,正在接受社会救济,或者家庭生产经营难以为继的;属于国家规定的优抚、安置对象的;社会福利机构和救助管理站;确实需要减交的其他情形。法院准予减交诉讼费用的,减交的比例不得低于30%。

第三,根据该法第47条的规定,当事人符合下列情形之一的,法院应当准予缓交诉讼费用:追索社会保险金、经济补偿金的;海上事故、交通事故、医疗事故、工伤事故、产品质量事故或者其他人身伤害事故的受害人请求赔偿的;正在接受有关部门法律援助的;确实需要缓交的其他情形。

根据上述规定,徐某符合缓交诉讼费用的条件,可以向法院提交申请。当事人申请司法救助的,应当在起诉或者上诉时提交书面申请、足以证明其确有经济困难的证明材料以及其他相关证明材料。因生活困难或者追索基本生活费用申请免交、减交诉讼费用的,还应当提供本人及其家庭经济状况符合当地民政、劳动保障等部门规定的公民经济困难标准的证明。

11.因涉嫌犯罪被抓后,亲属能到看守所探望吗

案例

小明初中毕业后来到城市打工,在一家烧烤店里当服务员。一个晚上,因客人较多、烤肉迟迟未能上桌,小明与一名顾客发生争执。双方都是年轻人,吵了两句就动手打了起来。当老板赶来劝阻时,小明不慎将烤肉签子扎到了对方肚子,血流了一地。老板看到出大事了,赶紧拨打“110”报警,小明因涉嫌故意伤害罪被逮捕。父母得知小明被捕后惊慌失措,他们能到看守所看看小明吗?

解析

在犯罪嫌疑人、被告人被刑事羁押期间,无论是侦查阶段、审查起诉

阶段还是法院审理阶段,只有辩护人才能会见犯罪嫌疑人,亲属是不能会见的。根据《刑事诉讼法》(2018年10月修正)第34条第1款规定:“犯罪嫌疑人自被侦查机关第一次讯问或者采取强制措施之日起,有权委托辩护人;在侦查期间,只能委托律师作为辩护人。被告人有权随时委托辩护人。”《刑事诉讼法》第39条第1款规定:“辩护律师可以同在押的犯罪嫌疑人、被告人会见和通信。其他辩护人经人民法院、人民检察院许可,也可以同在押的犯罪嫌疑人、被告人会见和通信。”根据上述第39条的规定,有一个例外是,如果家属是作为辩护人的,经人民检察院或者人民法院的许可,可以会见犯罪嫌疑人、被告人。虽然《看守所条例》第28条规定:“人犯在羁押期间,经办案机关同意,并经公安机关批准,可以与近亲属通信、会见。”但在实践中为防止案情泄露、妨碍侦查办案,在判决生效之前,亲属都是不能会见犯罪嫌疑人、被告人的。小明的父母想要了解小明在看守所里的具体情况,还需要委托律师进行会见。

▶ 12. 公安机关对于举报的犯罪行为不立案的,该怎么办

案例

周某过年回到老家后,每天必要外出喝酒。一天夜里三四点钟,周某还没有回家,他的妻子张某外出寻找,后来在朝村外走的一条路旁的水渠里发现了已经死亡的周某。张某就向公安机关报了案,她怀疑丈夫是被人害死的。公安机关在勘查现场并检查周某尸体后,判断周某是醉酒后跌入水渠死亡的,因此不予立案。张某如果对公安机关不予立案的决定不服的该怎么办?

解析

公安机关接到有犯罪发生的报案后,需要进行审查,认为有犯罪事实、需要追究刑事责任且属于自己管辖的,才会予以立案。如果没有犯罪

事实,比如,该案中公安机关认为周某死于醉酒后跌入水渠溺亡,不属于被他人谋害,不予立案;还有的是确有犯罪行为发生,但不需要追究刑事责任的,也不会立案,比如,举报有人放火,但放火的人是不满 14 周岁的小孩;如果不属于自己管辖的,公安机关也不予立案,如举报官员贪污受贿的,应告知其向监察委举报。

首先,如果张某有别的线索或证据证明周某确实属于被害身亡而不是意外,她可以向作出决定的公安机关申请复议,对复议决定不服的,还可以向上一级公安机关申请复核。《刑事诉讼法》第 112 条规定:"人民法院、人民检察院或者公安机关对于报案、控告、举报和自首的材料,应当按照管辖范围,迅速进行审查,认为有犯罪事实需要追究刑事责任的时候,应当立案;认为没有犯罪事实,或者犯罪事实显著轻微,不需要追究刑事责任的时候,不予立案,并且将不立案的原因通知控告人。控告人如果不服,可以申请复议。"《公安机关办理刑事案件程序规定》(2020 年 7 月修正)第 179 条规定:"控告人对不予立案决定不服的,可以在收到不予立案通知书后七日以内向作出决定的公安机关申请复议;公安机关应当在收到复议申请后三十日以内作出决定,并将决定书送达控告人。控告人对不予立案的复议决定不服的,可以在收到复议决定书后七日以内向上一级公安机关申请复核;上一级公安机关应当在收到复核申请后三十日以内作出决定。对上级公安机关撤销不予立案决定的,下级公安机关应当执行。"

其次,根据《刑事诉讼法》第 113 条的规定,"人民检察院认为公安机关对应当立案侦查的案件而不立案侦查的,或者被害人认为公安机关对应当立案侦查的案件而不立案侦查,向人民检察院提出的,人民检察院应当要求公安机关说明不立案的理由。人民检察院认为公安机关不立案理由不能成立的,应当通知公安机关立案,公安机关接到通知后应当立案"。张某还可以将公安机关不予立案的情况向检察院反映,要求检察院出面责令公安机关立案。

最后,张某还可以自己到法院起诉。《刑事诉讼法》第 210 条规定:“自诉案件包括下列案件:(一)告诉才处理的案件;(二)被害人有证据证明的轻微刑事案件;(三)被害人有证据证明对被告人侵犯自己人身、财产权利的行为应当依法追究刑事责任,而公安机关或者人民检察院不予追究被告人刑事责任的案件。”

13. 打官司是不是必须要找律师

案例

胡某在某机械公司工作,公司与他签订的劳动合同中有这样的条款:“公司从员工工资中每月提留 400 元,作年终分配;员工受聘期间辞职或辞退,从离职之日起脱离关系,所提留的基本工资与其他应得报酬全部按自动放弃处理,不再享受一切福利待遇。”胡某当时对此心存疑虑,但考虑到自己年纪已大找份工作不容易,便在合同上签了字。两年后,胡某因父亲重病向公司提出辞职,并继续工作了一个月,在工资结算时,公司克扣了当年 1~8 月的提留工资 3200 元及 9 月的工资 4800 元。胡某就向公司讨要工资,却遭到拒绝。他想打官司维权,但自己赚的钱都用于父亲看病,请不起律师,他可以不请律师,自己打官司吗?如果他想委托律师,该注意哪些问题?

解析

发生纠纷后,有律师帮助,可以为当事人节省处理纠纷的时间,律师的专业技能还能为当事人提高胜诉的概率。但是,打官司并不是一定要请律师,如果事实清楚、证据确实充分、法律争议也不大的,当事人完全可以自己起诉、参加庭审。如果不会写起诉状的,可以拨打法律热线、咨询相关法律部门,或者请律师代写诉状。

如果要委托律师,需要注意以下几个问题。

首先,要委托的是具有律师执业资格的“真律师”。对于律师,不能仅看其名片或听其介绍,要查看是否有律师执业证,根据《律师法》第13条的规定,没有律师执业证是不能以律师名义从事律师业务的。并且,还要看律师执业证是否经过年度注册,《律师法》第24条规定,律师执业证是每年都要进行年检的,未经年度注册的一律无效。想要验证律师真假,可以登录“中国法律服务网”,进入“请律师”的页面,选择律师或者律师事务所所在的地区并输入名字(名称),即可查出律师及律所的相关信息。

其次,根据《律师法》第25条、第40条规定,确定委托某个律师后,应当与律师事务所签订委托合同,合同上要盖上律所的公章。如果律师不签合同,或者签订的是与他本人之间的协议,没有律所公章的,那就有问题了。并且,如果已经确定委托某个律师,最好在合同中写明由哪位律师代理,否则出现甲律师出面接待而乙律师负责办理的情形就不好了。

最后,律师费的问题。律师费一般在双方签订合同之前就会谈妥,需要注意的是,要明确律师代理的仅仅是一审,还是从一审、二审到执行的全部程序,代理的阶段不同,收费当然不一样,不要出现自己认为是代理到案件全部结束,而律师认为只代理一审的分歧。

此外,除律师费外,案件办理还会涉及诉讼费,到公安部门、工商部门查询的资料费、鉴定费、评估费等,双方对这些费用应当事先有明确的约定,除诉讼费外,其他费用不见得都需要,当事人可以交由律师去交费,也可以直接交给相关机构,律师代收的应当出具收款凭证。另外,如果是在外地聘请的律师,还会涉及律师的差旅费、食宿费,具体的标准也应在事前商量好。

胡某是因单位克扣工资而打官司,如果符合法律援助的相关规定,他可以到当地司法局申请法律援助,批准后会有律师免费帮助他维权。

第十五篇
法律援助
帮您维权

1. 法律援助是免费的吗

案例

小黄在某单位工作5年多,只因自己提出要求增加安全设备而被单位解雇。当他想打官司要求单位赔偿时,才发现手头没有证据证明自己与单位存在劳动关系,仅有一张银行对账单。小黄听说法律援助都是免费的,就来到法律援助中心提出了申请,援助中心为他指派了一名律师。法院在审理该案件时,小黄认为单位提交的劳动合同中自己的签名是伪造的,因此申请笔迹鉴定,法庭同意后,要求小黄先行交纳鉴定费。小黄很惊讶:法律援助不是都免费吗?

解析

2021年8月20日通过的《法律援助法》第2条规定:"本法所称法律援助,是国家建立的为经济困难公民和符合法定条件的其他当事人无偿提供法律咨询、代理、刑事辩护等法律服务的制度,是公共法律服务体系的组成部分。"法律援助的免费指的是"法律咨询、代理、刑事辩护"等法律服务免费。换言之,法律援助是免费提供律师服务,但打官司所需要的诉讼费、鉴定费等费用,还需要原告预交,法院判决时根据双方的责任再进行分担。

如果当事人在起诉时确实困难的,援助律师会帮助其申请司法救助,缓交、减交或者免交诉讼费用。

2. 什么人可以申请法律援助

案例

小杜是一名缝纫女工,最近公司承接了几批单子,交货时期很紧,公司要求每人每天至少加班2小时,周六、周日也不休息。不按照要求加班的,每天将被扣除50元。这时恰巧小杜的妈妈生病了,小杜必须要照顾她,没法加班。公司在月底扣了她500元工资。小杜想打官司,可又无钱请律师,她能申请法律援助吗?

解析

小杜可以申请法律援助。

《法律援助法》第31条规定,下列事项的当事人,因经济困难没有委托代理人的,可以向法律援助机构申请法律援助:(1)依法请求国家赔偿;(2)请求给予社会保险待遇或者社会救助;(3)请求发给抚恤金;(4)请求给付赡养费、抚养费、扶养费;(5)请求确认劳动关系或者支付劳动报酬;(6)请求认定公民无民事行为能力或者限制民事行为能力;(7)请求工伤事故、交通事故、食品药品安全事故、医疗事故人身损害赔偿;(8)请求环境污染、生态破坏损害赔偿;(9)法律、法规、规章规定的其他情形。

此外,《法律援助法》第32条还规定了几种特殊情况,在这些情况下,当事人无论经济状况是否困难,都可以申请法律援助:(1)英雄烈士近亲属为维护英雄烈士的人格权益;(2)因见义勇为行为主张相关民事权益;(3)再审改判无罪请求国家赔偿;(4)遭受虐待、遗弃或者家庭暴力的受害人主张相关权益;(5)法律、法规、规章规定的其他情形。

根据《法律援助法》第24条的规定,刑事案件的犯罪嫌疑人、被告人因经济困难或者其他原因没有委托辩护人的,本人及其近亲属可以向法律援助机构申请法律援助。第29条规定,刑事公诉案件的被害人及其法定代理人或者近亲属,刑事自诉案件的自诉人及其法定代理人,刑事附带民事诉讼案件的原告人及其法定代理人,因经济困难没有委托诉讼代理人的,可以向法律援助机构申请法律援助。

▶ 3. 申请法律援助还需要提交经济困难证明吗

案例

小马在外打工时发生工伤事故，老板不赔偿，他只好打官司。他听说自己这种情况可以申请法律援助，就来到了法律援助中心。工作人员了解基本案情后，认为小马符合援助条件，但要求其按照规定提交材料。小马看到规定要求提供经济困难证明，这该如何提交？

解析

2021 年 8 月 20 日通过的《法律援助法》自 2022 年 1 月 1 日起施行。在该法施行以后，申请人不再需要提交由政府部门出具的经济困难证明，只需如实说明经济困难状况即可。该法第 41 条规定："因经济困难申请法律援助的，申请人应当如实说明经济困难状况。法律援助机构核查申请人的经济困难状况，可以通过信息共享查询，或者由申请人进行个人诚信承诺。法律援助机构开展核查工作，有关部门、单位、村民委员会、居民委员会和个人应当予以配合。"

此外，《法律援助法》第 42 条规定，属于法律规定的特殊群体申请法律援助的，免予核查经济困难状况，这些特殊群体包括：(1) 无固定生活来源的未成年人、老年人、残疾人等特定群体；(2) 社会救助、司法救助或者优抚对象；(3) 申请支付劳动报酬或者请求工伤事故人身损害赔偿的进城务工人员；(4) 法律、法规、规章规定的其他人员。也就是说，属于上述特殊群体的，法律推定其符合经济困难标准，不需要再进行审查，申请人也不需要进行说明。

4. 发生纠纷后应该什么时间申请法律援助

案例

李某在一家饭馆里打工,往饭馆里运送食材的时候不慎摔倒受伤。老板支付了住院治疗的费用,出院后还安排他住在原先的宿舍里,但对于赔偿问题却一直拖延不给解决。李某不愿这么拖下去,提出5万元赔偿,老板却说最多只能再给1万元。协商未果,李某想申请法律援助。但他听说法律援助必须要立案以后才能申请,是这样的吗?

解析

李某了解的情况是不属实的,他可以立即申请法律援助。

《法律援助法》并未明确规定在民事案件和行政案件中什么时候可以提出申请,但是,由于法律援助是向受援人提供免费的律师代理服务,当事人应当在发生纠纷后尽早申请,以便给法律援助中心留出指派律师以及律师了解案情、收集证据、与对方协商和制定诉讼策略的时间。如果在案件开庭之前的一两天才提出申请,即使法律援助中心能指派律师,律师也很难取证或者形成案件的解决思路。

在刑事案件中,何时可以申请法律援助是有比较明确的规定的。根据《刑事诉讼法》第34条、第35条和《法律援助法》第24条、第29条的规定,刑事案件的当事人或者近亲属申请法律援助的时间为:(1)犯罪嫌疑人在被侦查机关第一次讯问或者采取强制措施之日起,因经济困难没有聘请律师的;(2)被告人因经济困难没有聘请律师的,可以随时申请法律援助;(3)刑事公诉案件中的被害人及其法定代理人或者近亲属、刑事自诉案件的自诉人及其法定代理人,刑事附带民事诉讼案件的原告人及其法定代理人,因经济困难没有委托诉讼代理人的,可以随时申请法律援助。此外,根据《法律援助法》第39条的规定,被羁押的犯罪嫌疑人、被告人、服刑人员等提出法律援助申请的，办案机关、监管场所应当在 24 小时内将申请转交法律援助机构。犯罪嫌疑人、被告人通过值班律师提出代理、刑事辩护等法律援助申请的，值班律师应当在 24 小时内将申请转交法律援助机构。

▶ 5. 申请了法律援助就一定能打赢官司吗

案例

老张和 20 多个农民工在工地干完活后，包工头卷款逃跑，不知所踪。违法将工程分包给包工头的建筑公司表示，所有工程款都已经和包工头结清了，有什么纠纷应该去找包工头个人，与公司无关。老张就和工友申请了法律援助。援助律师分析了案情后，认为建筑公司将工程违法分包给不具备资质的个人，因此老张等人应当与公司直接建立劳动关系。律师以拖欠农民工工资为由申请了劳动仲裁，却被仲裁委以不属于劳动争议为由不予受理。起诉到法院后，法院也判决公司与老张等人不存在劳动关系。老张很疑惑：怎么请了法律援助律师还败诉了？

解析

申请法律援助与案件能不能胜诉是“两码事”，法律援助只是为经济困难的群体或者某些特定案件的当事人提供免费的法律服务，包括咨询、代写文书、代理案件等，但援助律师代理案件不一定就会胜诉。案件能否胜诉取决于很多因素，比如，证据是否充分、案件是否超过了诉讼时效、选择适用的法律规定是否准确等。无论是援助律师还是其他收费律师，都不可能也不允许向当事人承诺肯定能打赢官司，所以，即使有了法律援助律师的帮忙，官司也是有败诉的可能。

老张等人的案件之所以败诉，是因为律师选择了错误的法律。农民工一直是跟着包工头干活、听从包工头的指挥领导、由包工头发放生活费的,虽然建筑公司存在违法分包的行为,但这一违法行为并不意味着农民工就与建筑公司存在劳动关系。败诉后,援助律师改变了维权思路,将包工头和建筑公司一并起诉到法院,要求其共同支付农民工劳务费。法院最终判决包工头向老张等人支付劳务费,建筑公司承担连带赔偿责任。

6. 接受法律援助后,能要求更换援助律师吗

案例

李某在城市里以卖菜为生,某天在去批发市场进菜时被人撞了,她到法律援助中心申请法律援助后,该中心委派了一名律师帮助她处理人身损害赔偿案件。李某要求对方赔偿 10 万元,而法律援助律师依据法律规定计算出来的数额只有 3 万元左右,两者相差太大,律师多次向她解释都未能成功。后来双方沟通的时候情绪都比较激动,言语中起了冲突。李某就气愤地向法律援助中心提出更换律师。她能更换别的法律援助律师吗?

解析

《办理法律援助案件程序规定》第 32 条第 1 款规定:"受援人有证据证明法律援助人员不依法履行义务的,可以请求法律援助机构更换法律援助人员。"因此,如果有事实证明援助律师没有依法履行职责的,受援人可以要求法律援助机构更换援助律师。在上述案件中,虽然并不属于规定的律师更换事项,但由于李某与援助律师在诉求上存在较大分歧,法律援助中心还是同意了为其更换律师。

此外,根据《人民检察院刑事诉讼规则》(2019 年 12 月 30 日起实施)第 44 条的规定,"属于应当提供法律援助的情形,犯罪嫌疑人拒绝法律援助机构指派的律师作为辩护人的,人民检察院应当查明拒绝的原因。有正当理由的,予以准许,但犯罪嫌疑人需另行委托辩护人;犯罪嫌疑人未

另行委托辩护人的，应当书面通知法律援助机构另行指派律师为其提供辩护”。可见，在应当提供法律援助的刑事案件中，犯罪嫌疑人有正当理由的，可以要求法律援助机构另行指派辩护律师。

▶ 7. 法律援助机构能终止援助吗

案例

邓某在打工期间因为年终奖问题与领导发生冲突后被辞退。在办理工作交接手续时，邓某利用人事负责人上卫生间的间隙，偷偷在空白纸上盖了公章，然后自己在空白处写上单位拖欠工资1万元。之后，他申请法律援助，并向律师提供了“证据”。开庭质证期间，单位证明工资早已如数发给了邓某，这张欠条是他伪造的。律师查明真相后，向法律援助中心进行报告，援助中心经审查后终止了援助。邓某认为，未经自己同意不能终止援助，就向当地司法行政机关投诉。法律援助机构能单方面终止援助吗？

解析

在查明邓某确实虚构事实并伪造证据后，法律援助机构是可以终止援助的。根据《法律援助法》第48条的规定，有下列情形之一的，法律援助机构应当作出终止法律援助的决定：(1)受援人以欺骗或者其他不正当手段获得法律援助；(2)受援人故意隐瞒与案件有关的重要事实或者提供虚假证据；(3)受援人利用法律援助从事违法活动；(4)受援人的经济状况发生变化，不再符合法律援助条件；(5)案件终止审理或者已经被撤销；(6)受援人自行委托律师或者其他代理人；(7)受援人有正当理由要求终止法律援助；(8)法律法规规定的其他情形。法律援助人员发现有上述情形的，应当及时向法律援助机构报告。

8. 援助律师能要求报销差旅费吗

案例

小刘因在建筑工地打工受伤而申请了法律援助,由于包工头跑了,律师需要到其户籍地进行调查。调查回来后,援助律师要求小刘报销其外出期间的差旅费。小刘觉得很纳闷:法律援助不是免费的吗?再说,政府还给律师补贴,怎么会让自己掏钱?援助律师说,政府给的补贴只是针对律师的服务,不包括差旅费。是这样的吗?

解析

律师所说的是不正确的。法律援助中心指派律师办理法律援助案件的,会根据案件的性质和难易程度支付相应的补贴。办案补贴包含了承办法律援助案件所需要的交通费、差旅费、复印费等基本费用。办案补贴的性质就是办案费用支出的补贴,因此法律援助律师不能再要求当事人报销差旅费。

《法律援助法》第63条规定:“律师、基层法律服务工作者有下列情形之一的,由司法行政部门依法给予处罚:……(三)收取受援人财物……”

9. 对援助律师的服务不满意,该向哪儿投诉

案例

小张由于被单位违法解雇而申请了法律援助。令小张非常不满的是,法律援助律师除指派之后与自己联系过一次并简单问了问案情外,再也没有找过自己,更别说帮助自己收集证据、与单位协商了。开庭之前,律师匆忙赶到仲裁委,利用开庭前的时间向小张询问了案件情况。开庭时,律师说话很少,很多时候就让小张自己来说。庭审结束后,小张觉得

这个律师对自己的案件非常不负责任，他该怎么办？

解析

由于法律援助是政府给予办案补贴，律师不能收取当事人的费用，因此有些援助律师在办理案件时就存在拖拉、敷衍，或者服务态度不够友好的问题。如果律师在办理法律援助案件时有违反职业道德和执业纪律的情形，根据《法律援助法》第 63 条，《律师法》第 47 条，中华全国律师协会《律师职业道德和执业纪律规范》（2001 年修订）第 5 条、第 45 条，以及《律师执业行为规范（试行）》第 7 条、第 106 条的规定，受援人可以向司法行政机关和律师协会进行投诉，由司法行政机关给予行政处罚，或者由律师协会给予行业处分。